Posições Caninas CTAC

para a reabilitação física e a estimulação precoce

Eva Domènec - Francesc Ristol

MÉTODO CTAC

SMILES
CTAC
·publishing·

Terapia Asistida com Animais
Posições Caninas CTAC
para a reabilitação física e a estimulação precoce

1ª Edicão Português : Julho 2015
Copyright © 2014

Autores:
Eva Domènec
Francesc Ristol

Teresa Espinosa: Fisioterapeuta
Marta Perdigó: Ilustradora
Mariana Esteves Araújo: Tradução

Editora:
SMILES CTAC Inc.
Coral Gables, FL (USA)

www.smilesctac.com
Email: info@smilesctac.com

ISBN 978-0-9886331-5-5

Este livro é dedicado
a todas as pessoas que, com o seu sorriso, trabalham dia a dia
para continuar a disfrutar da magia da vida.

Prólogo

Há três anos tive uma pequena entrevista com a Eva Domènec. Foi numa tarde em que queria informação, queria saber algo mais mais sobre as terapias com cães; tinha ouvido falar delas e tinha procurado informação, mas era muito escassa e pouco concreta.

Depois dessa pequena entrevista fiquei fascinada com o que a Eva me tinha explicado. Continuei à procura de mais informação entrando em contacto com outros centros que também ofereciam serviços de terapia com cães, mas alguma coisa na forma como a Eva me explicou as terapias e as técnicas me tinha cativado, algo intangível...Então q convenci a Diretora do meu centro para poder começar a trabalhar com cães.

Desculpem, ainda não me apresentei: chamo-me Teresa e sou fisioterapeuta. Trabalho numa escola de Educação Especial com crianças com dificuldades psicomotoras, intelectuais e cognitivas e problemas de conduta. À 24 anos que sou fisioterapeuta infantil e, durante este tempo, experimentei várias terapias, métodos e técnicas para poder ajudar os meus alunos, e por tudo isto sei que nenhuma é conclusiva nem serve para todas as crianças. No entanto, até esse momento, não tinha encontrado uma terapia que fosse tão versátil e completa.

Nestes três anos aprendi muito com a Eva e a Maria, as técnicas que me acompanharam ao longo do meu percurso. Juntas pudemos refletir sobre as terapias concretamente com os meus alunos, especialmente aqueles com dificuldades graves, que tem muitos problemas para poder realizar uma mobilização voluntaria mínima.

O trabalho com o "cão manta" foi uma descoberta para eles e para mim. Juntos fomos explorando de forma a conhecer todas as possibilidades que nos podiam oferecer. Sentir de forma o nosso corpo, e todo o nosso corpo, de forma adequada ajuda-nos a que nos podamos mover melhor. Ante esta premissa e com a ajuda das técnicas, fui desbravando o potencial tão imenso que o "cão manta".

Comecemos pelas possibilidades posturais: o corpo do cão é grande, forte e firme mas, ao mesmo tempo, suave, elástico e sobretudo vivo. A criança pode acomodar-se docemente sobre ele, sentindo o seu calor e a sua suavidade, sentindo o seu corpo num banho de estimulação táctil. Também pode descansar ao seu lado, ajudando-o a encontrar os seus limites, a sentir de uma forma completa os seus segmentos corporais (um braço, uma perna, as costas,...). Haverá melhor estímulo do que tentar levantar a sua cabeça para observar a cara do nosso companheiro canino ou mover suavemente um braço para o tocar o para lhe dar um premio?

O cão, pelas suas qualidades adjacentes, é um acordar dos sentidos, sem pedir mais nada à criança. O cão proporciona-nos: estimulação somática, táctil, propriocetiva, auditiva, vibrátil, olfativa e vestibular.

Somática ao favorecer a unidade corporal, necessária para que conheçamos os nossos limites e nos ajude no movimento. Para poder perceber o nosso corpo adequadamente devemo-nos mover, devemo-nos sentir como uma unidade. O cão ajuda-nos ao situar-nos sobre ele, ao abraçá-lo quando estamos ao seu lado, quando se coloca sobre o nosso corpo,...sentir o seu pelo, a sua suavidade, as suas zonas ásperas, o seu calor ajuda-nos a aumentar a informação e a tentar que nos movamos.

Táctil redescobrindo as mãos: ao tocar o cão, acariciá-lo, segurar-lhe as patas, a criança obtém muita informação sobre as qualidades hápticas (informação que obtemos com as mãos sobre os objetos como a sua temperatura, peso, rugosidade, etc) do seu companheiro.

Funções propriocetivas: são aquelas que nos permitem conhecer o estado, situação e posição do nosso corpo a nível muscular, articular, ósseo e segmentário em geral.

Ao colocar a criança segundo as diferentes posições caninas CTAC estamos a ajudá-lo a perceber o seu próprio corpo, de uma forma ativa, visto que estas perceções variam perante o mínimo movimento do cão, a mínima deslocação da criança sobre o cão e, acima de tudo, ao tentar movimentar-se sobre ele para interagir de forma ativa.

Auditiva e vibrátil porque o cão nos proporciona vários estímulos quando estamos sobre ele: o ruido do seu estomago, dos seus intestinos, ou o seu coração a bater;estímulos vivos que proporcionam à criança um catálogo auditivo e vibrátil novo e maravilhoso.

Olfativa, proporcionada pelo cheiro pessoal de cada cão, característico e único, assim como o cheiro do sabão ou do perfume dos cães e dos prémios ou de outra comida que seja utilizada nas sessões de terapia.

E vestibular, suave mas não menos importante, ao colocar a criança sobre o cão, sentindo os seus micro movimentos e forçando o aluno a adaptar-se, dentro das suas possibilidades, quando deparado com estes.

Mas mais do que um despertar de sensações e estímulos, o cão manta também nos proporciona muitos mais benefícios físicos, psicológicos, cognitivos e emocionais. Muitos destes benefícios já foram destacados e explicados de forma extensiva num dos livros anteriores, mas também eu quero por o meu grão de areia nalguns desses aspetos.

A normalização do stress respiratório, que pude observar nalguns dos meus alunos. Desconheço o procedimento fisiológico que o desencadeia, mas o contacto direto com o cão manta produz efeitos normalizadores no ritmo respiratório (parecidos ao efeito do método canguru dos neonatos prematuros), que persistem depois da terapia.

A fantástica ajuda na reabilitação física, proporcionando uma normalização do tónus musculas das zonas que estão em contacto direto com o cão. Por um lado, diminuindo o tónus hipertónico nas zonas onde a criança descansa sobre o cão ou o cão se coloca sobre esta e, por outro, aumentando o tónus muscular, especialmente do tronco a da cabeça, ao colocar a criança sobre o cão e interatuar com ele. Assim conseguimos uma habilitação funcional dos movimentos voluntários e involuntários de uma forma lúdica.

A empatia, que se estabelece entre a criança e o cão, fomentando um contacto tão intimo entre os dois; a empatia que se dá ainda antes de começar o tratamento, com o simples facto de estar perto do cão adequado, e que é bidirecional.

Día, uma labradora que vem à minha escola com a sua técnica Maria, é tão protetora que quando alguma das minhas alunas sofre uma crise epitética não sai do seu lado, mantém-se junto a ela dando-lhe calor, protegendo-a, e, acima de tudo, oferecendo-lhe o seu amor incondicional. Ela, assim como a Blasa, o Ars, a Cuca, a Blau, a Laika, a Dansa, a Taca (...) foram cães e cadelas que estiveram e estão perto dos meus alunos, realizando proezas cada dia, dando-lhes muita motivação para que se movam, para aprender, para crescer; oferecendo-lhes ilusão, ajudando-os a superar as suas limitações e, sobretudo, brincando com eles.

Depois da entrevista com a Eva descobri a terapia assistida com animais e comecei a trabalhar uma técnica nova para mim e para os meus companheiros (professores e logopedas) que nos abriu um percurso amplio à investigação e à criação de novas estratégias com os nossos alunos. Tenho a certeza que isto ainda é um princípio e que, ao lado do CTAC, vamos poder crescer redescobrindo novos caminhos. Obrigada Eva.

Animo todos os leitores deste novo livro a manter a sua mentalidade aberta, a pensar em todas as possibilidades que aqui se apresentam, a experimenta-las, seja qual for a sua especialidade. Neste livro há muitas propostas para complementar de forma maravilhosa a habilitação e reabilitação de muitos meninos e meninas.

Teresa Espinosa
Fisioterapeuta EEE Pedralbes

Índice

GLOSSÁRIO:

PCC	Posição Canina CTAC AT
AT	Animal de Terapia
CM	Cão manta
CCM	Posição do co-cão manta
PI	Profissional da Intervenção
EIA	Especialista em intervenções assistidas com animais
RI	Recetor da intervenção
TIA	Técnico de intervenções assistidas com animais
UI	Unidade de intervenção

Introdução

Bem-vindos a este livro de exercícios CTAC. Neste livro vamos expor várias posições caninas CTAC e alguns exercícios representativos para cada uma delas, com a finalidade de trabalhar aspetos da estimulação sensorial e da recuperação funcional das pessoas, através do profissionalismo da nossa equipa terapêutica e da ajuda inestimável dos cães-manta.

Os nossos companheiros caninos, adotando determinadas posições, facilitarão a estimulação sensorial dos meninos e meninas de tenra idade afetados por paralisia cerebral e dificuldades neurológicas; ajudarão adultos nos vários aspetos da recuperação funcional de determinado segmento corporal ou foneceção uma estimulação sensorial adequada para pessoas portadoras de demências com uma idade avançada.

No entanto, o que merece mais destaque nestas posturas não reside unicamente nos benefícios físicos mas sim no vínculo afetivo que se estabelece com o animal que acompanha o trabalho realizado pelo recetor da intervenção (RI), motivando e enriquecendo o seu universo.

Dinâmicas de grupo

Os programas de reabilitação funcional, estimulação precoce e sensorial dos quais um cão de terapia faz parte são programas de Terapia Assistida por Animais (TAA) que foram estruturados e funcionaram como tal.

Num programa de terapia assistida por animais o técnico em intervenções assistidas com animais trabalha juntamente com um terapeuta formado no âmbito da saúde para que o cão de terapia se comporte como um facilitador, um motivador ou um mecanismo de apoio para o usuário da respetiva sessão. Desta forma o cão de terapia enriquece a sessão trabalhando em prol dos objetivos propostos de uma forma lúdica e relaxada.

Deste modo, é importante conhecer e estabelecer de antemão os papeis de cada um dos profissionais que participam numa sessão de IAA, assim como saber que relações se estabelecem entre os mesmos para que, desta forma, se atue e intervenha de forma correta e profissional continuamente.

No seguinte diagrama, base da abordagem do método CTAC, podemos observar as diferentes interações entre os participantes de uma sessão de IAA.

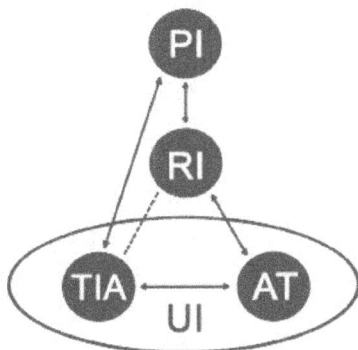

O êxito da intervenção é possível tendo como base um trabalho profissional e uma boa coordenação entre os vários elementos da equipa, o que, por sua vez, assenta numa boa comunicação: clara e precisa. É necessário também entender o processo de comunicação de uma forma global, ou seja, tendo em conta a comunicação verbal, paraverbal e não-verbal.

Descrição dos intervenientes da sessão

Os vários intervenientes que participam ativamente numa sessão de terapia assistida com animais, assim como numa sessão de reabilitação ou estimulação através de um cão manta são:

Recetor da intervenção (RI)

A pessoa que mediante um profissional das IAA interage com o animal de terapia, usufruindo assim dos benefícios da interação.

Técnico em intervenções assistidas com animais (TIA):

Profissional com uma formação holística no campo das relações humanas assim como no manejo e bem-estar animal que tem como objetivo facilitar e potenciar a interação entre o animal de terapia e o RI, seguindo uns protocolos pré-estabelecidos.

Especialista em intervenções assistidas com animais (EIA):

Profissional do âmbito da saúde, da educação ou do âmbito social formado para a aplicação das IAA nos seus programas com a finalidade de alcançar uns objetivos previamente estabelecidos com o RI.

Animal de terapia (AT):

Cão de terapia especificamente selecionado e adestrado para fazer parte das sessões de terapia assistida com animais nas quais exista um contato físico íntimo com o RI para trabalhar, juntamente com o seu profissional de referência, vários objetivos terapêuticos.

Unidade de intervenção (UI):

Binómio formado pelo cão de terapia e o TIA que intervém nas sessões. Equipa que se certifica para trabalhar em sessões de IAA.

As seis dinâmicas da sessão de IAA

Dinâmica entre PI e TIA

O PI e o TIA devem estabelecer uma comunicação fluida entre ambos tanto a nível verbal como não-verbal, dependendo de cada momento e do tipo de sessão, para, deste modo, facilitar o trabalho do RI em prol dos objetivos inicialmente planeados.

Dinâmica entre PI e RI

O PI deve manter uma comunicação direta com o RI de forma contínua.

Dinâmica entre PI e AT

Se observamos o diagrama com atenção vemos que não existe uma interação direta entre o PI e o AT. Isto acontece porque a relação entre o PI e o AT é sempre mediada pelo TIA. É este que assume toda a responsabilidade do animal de terapia e, deste modo, o TIA deve supervisionar todas as interações diretas ou indiretas com o animal. Se o PI exige uma participação "ativa" do AT esta será obtida depois de uma comunicação prévia com o TIA, e se o PI deseja estabelecer uma comunicação com o AT com fins terapêuticos ou educativos esta será supervisionada pelo TIA.

No caso de que o PI desempenhe o papel de TIA (porque é formado em ambos) a comunicação entre o RI e o AT será mediada pelo próprio PI.

Dinâmica entre TIA e RI

Entre o TIA e o RI observamos uma linha descontínua de interação dado que o TIA, nas sessões de TAA, nunca deve comunicar a nível terapêutico ou manipular o RI, pois esse papel pertence ao profissional de referência da sessão. No entanto, este pode interagir com o RI representando um reflexo do próprio AT, facilitando a sua interação e comunicação, "traduzindo" a sua linguagem corporal, partilhando as sensações e sentimentos do cão, verbalizando inquietudes e exigências, etc. Isto é dizer que, para o RI, o TIA se pode converter num reflexo da sua própria interação com o cão.

Este fato em particular é especialmente importante em sessões de IAA, potenciando assim os benefícios da interação humano animal.

Dinâmica entre TIA e AT

Entre o TIA e o AT, que juntos formam o que chamamos unidade de intervenção (UI), estabelece-se uma linha de comunicação direta que potenciará a presença e o papel do AT durante uma sessão de IAA.

O cão de terapia é um animal especificamente selecionado e educado para poder realizar este tipo de trabalho. Este superou o exame de cão de terapia, no qual se avalia tanto o grau de obediência, atitudes e habilidades do cão, assim como a funcionalidade da UI: o seu entendimento, comunicação e o grau de controlo e antecipação, por parte do TIA, de modo a velar pelo bem-estar do animal.

Este grau de entendimento e comunicação entre ambos vai reforçar o seu vínculo e, desta forma, o cão vai poder sentir-se seguro, tranquilo e cómodo durante as sessões de IAA, podendo realizar um excelente trabalho como animal de terapia.

O TIA, à parte de ser conhecedor das capacidades e limitações do animal, está profissionalmente qualificado tanto na aplicação de uma comunicação eficaz com este, assim como no seu manejo e bem-estar físico e psicológico.

Por este mesmo motivo, e para garantir o bem-estar físico e psíquico do AT assim como de uma interação segura e apropriada entre o cão e os outros intervenientes da sessão, é imprescindível que a comunicação com o AT (a nível de comandos gestuais, verbais e sinais de confiança) deva realizar-se sempre diretamente através da interação com o TIA.

Dinâmica entre RI e UI

É evidente que a presença de um cão perante uma pessoa pode despertar, em maior ou menor grau, curiosidade, interesse, emoções ou atividade física. Mas quando quisermos que esta interação esteja encaminhada a trabalhar em prol de objetivos terapêuticos é necessária a participação ativa dos profissionais referentes do RI e do animal de terapia.

O nosso objetivo nas IAA é que, numa sessão de IAA, o cão de terapia se converta para o/os RI num centro de interesse, num elemento facilitador e motivador.

Mas esta capacidade motivadora encontra-se limitada no tempo em função das capacidades e circunstâncias de cada RI. A simples presença do cão numa sessão não garante que se produza um vínculo entre os dois que facilite o processo terapêutico. Por isso mesmo, baseando-nos no método CTAC, diremos que é necessária a intervenção direta do TIA, através da unidade de intervenção, para facilitar, reforçar e manter o vínculo entre o RI e o AT durante toda a sessão.

Resumindo, as sessões de IAA terão êxito sempre e quando o AT se converta num elemento motivador para o RI durante toda a atividade. Para que tal aconteça é indispensável um trabalho e equipa baseado no profissionalismo, no sentido comum, no respeito e na comunicação.

Fundamentação do Cão Manta

Era uma vez uma adorável Golden Retriever chamada Laika que vivia em Can LLosses (Barcelona) e trabalhava como cão de terapia. Numa tarde do ano de 2005 a Laika e a sua equipa estavam à espera da Lucía, uma adorável menina de seis anos à qual tinha sido diagnosticada paralisia cerebral e ia começar com as primeiras sessões de Terapia Assistida por Animais. Os seus pais tinham muita esperança e espectativas naquelas sessões: queriam que a sua bebé pudesse relaxar e não começasse a chorar enquanto decorria a sessão terapêutica, de modo a facilitar a sua recuperação.

E foi assim como, a partir da nossa equipa composta por psicólogos, terapeutas ocupacionais, fisioterapeutas e logopedas e pelos nossos técnicos em Intervenções Assistidas por Animais juntamente com a cumplicidade dos nossos cães de terapia, iniciamos o estudo das posições caninas CTAC (PCC) e as suas aplicações na estimulação sensório-basal e na recuperação funcional da criança.

Nos livros anteriores de CTAC(1) , apresentamos o cão de terapia exercendo um papel ativo dentro da equipa, com a finalidade de ser um elemento afetivo, motivador e vinculante para o usuário que recebe a intervenção. O cão (guiado por um profissional da equipa) convertia-se no fio condutor da sessão com um simples movimento do rabo, quando comia um prémio ou fazia uma habilidade, facilitando desta forma o alcance dos objetivos propostos.

Agora tentem recriar na vossa mente a imagem da Lucía que descansava placidamente nos braços da sua mãe à espera que os terapeutas decidam qual a melhor forma de abordar a sua estimulação através das IAA. De que tipo de cão precisava?

Era imprescindível a participação de um cão com umas características muito especiais, tanto a nível físico como psicologico, que oferecesse um espaço acolhedor e seguro no qual esta criança se sentisse reconfortada e não tivesse a necessidade de começar a chorar, pois deste modo o processo terapêutico de estimulação basal e recuperação funcional seria facilitado.

Foi neste momento que o Francesc Ristol criou o termo cão manta, um termo que descreve um cão de terapia especificamente selecionado e adestrado que possa trabalhar em programas de estimulação sensório-basal e recuperação funcional.

(1) Eva Domènec y Francesc Ristol. Terapia Asistida con Animales - Método CTAC, Ediciones Smiles CTAC.

Definição de cão-manta

O cão manta é um cão de terapia que, pelo seu temperamento e por manter um vínculo seguro com o TIA (Técnico de Intervenções Assistidas), é capaz de manter uma determinada posição durante o tempo requerido pelo TIA e assim favorecer um contacto físico íntimo com o RI, o que conduz a um aumento do nível de relaxação e da estimulação sensorial que o RI recebe durante a sessão.

Não obstante, para que esta interação relaxante e estimulante ocorracorretamente devemos ter muito presente uma série de aspetos:

A relação de confiança na unidade de interação (UI)

Já sabemos que parte do êxito das IAA se baseia na confiança que existe entre todos os componentes da equipa de intervenção. No entanto, nas sessões de IAA nas quais aplicamos as posições caninas CTAC, também existe uma relação que devemos considerar cuidadosamente para o bem-estar de todos os elementos da equipa: o vínculo entre o cão de terapia e o seu Técnico de Intervenções Assistidas (TIA) – ou seja, entre o cão e o seu guia.

Vamos imaginar uma Atividade Assistida por Animais (AAA) dirigida a um grupo de idosos na qual oTécnicode IntervençõesAssistidasparticipa juntamente com o seu cão de terapia. Temos vários objetivos: aumentar a autoestima da Luísa, uma senhora de setenta anos viúva recentemente; estimular a memória do José e facilitar a marcha do João que foi recentemente operado às ancas.

O cão de terapia vai converter-se no centro das atenções, dos mimos, dos prémios e, perante uma atividade pensada para que possa interagir de forma agradável com os seus amigos humanos, vai disfrutar durante a sessão e, ao mesmo tempo, ajudar a alcançar os objetivos inicialmente propostos. O cão participará de forma mais ou menos ativa e atuará, durante toda a sessão, no mesmo plano do TIA e dos RI. Não vai existir nenhuma atitude submissa do cão em relação ao ser humano em nenhum momento.

Em contraste, numa sessão de IAA com posições caninas o cão deve adotar uma determinada postura estática relativamente ao RI durante o tempo requerido e considerado oportuno pelo profissional da intervenção (PI).

Ao longo deste livro vamos estudar as várias posturas caninas CTAC acreditadas pelos terapeutas e técnicos da nossa equipa veterinária. No entanto, podemos adiantar que para que o cão possa adotar estas posturas, assim como mante-las de forma relaxada e tranquila e para canalizar os estímulos que o RI lhe transmita de forma correta, o animal deve ter plena confiança no TIA.

O que é que o cão manta espera do TIA numa sessão de PCC?

Vamos pôr-nos no lugar do cão que adota uma determinada posição, transmitindo uma atitude relaxada mas, ao mesmo tempo, atento a novas indicações. Se nós estivéssemos numa situação similar, por exemplo, formando parte de uma torre humana, resolvendo algum problema matemático ou suportando um objeto muito delicado numa condição instável não nos tranquilizaria que alguém nos fizera carícias, nos tocasse na boca ou nos falasse à toa, só para se sentir relaxado.

Pelo contrário, agradeceríamos que essa pessoa que está ao nosso lado nos transmitisse confiança e serenidade para que percebêssemos que o que estamos a fazer estamos a fazê-lo muito bem e sem nenhuma dificuldade - dificuldade esta que, se existe, sabemos que temos alguém ao nosso lado que nos vai ajudar a ultrapassá-la.

É disto que o cão manta necessita. Necessita confiar no seu técnico, saber que conta com ele e com o seu profissionalismo. Necessita perceber que o TIA sabe que a postura que lhe está a pedir para executar é segura para ele e para o RI, e adverte que está tudo sob controlo; necessita saber que a pode executar sem ter medo, pois o TIA está ao seu lado para velar pelo seu bem-estar físico e psicológico.

Para isso é importante que o TIA controle a sua linguagem corporal, pois o cão entende a sua linguagem não-verbal. Todas as atitudes de nervosismo como, por exemplo, acaricia-lo repetidamente, oferecer-lhe prémios de forma compulsiva ou suste-lo repetidamente, só vão conseguir que o cão tenha duvidas sobre a sua postura/situação e, por conseguinte, que se ponha em estado de alerta – porque percebeu que o TIA está nervoso. Neste caso o RI não obteria os benefícios dessa posição.

Nestas posições a confiança entre todos os membros da equipa é fundamental. Se o profissional da intervenção (PI) tem dúvidas sobre o cão ou o TIA, vai adotar uma posição distante perante estas posições e não há entendimento entre ele e o cão. Por conseguinte, não se aproveita ao máximo a situação.

O mesmo se passa se a família do RI duvida dos procedimentos, se não existe um bom entendimento entre o TIA e o PI ou se o TIA duvida das capacidades e qualidades do seu cão como cão manta. Em todos estes casos não deveríamos iniciar as PCC, pois os benefícios que estas possuem não são a expressão de um trabalho que é fruto do bom entendimento entre todos os elementos de uma equipa interdisciplinar.

A personalidade do cão manta

Outra das chaves onde reside o êxito das IAA/PCC encontra-se na personalidade do cão. As famílias que assistem a uma sessão com um cão manta, normalmente ficam surpreendidas quando no final da intervenção a TIA diz "time out" e esse mesmo cão tranquilo que acaba de estar com o seu filho começa a correr, brincar e farejar entre os arbustos. Atónitos perguntam: "Mas este é o mesmo cão que acaba de estar com o meu filho? Que vitalidade, que energia!"

Os cães manta não são cães passivos, sem espirito nem vontades; não são cães cansados nem velhos; são saudáveis e alegres, brincalhões e curiosos. Ao começar as sessões juntamente com o TIA sabem entrar no seu papel de cão que vai aconchegar, conter e suportar o seu companheiro de sessão, manifestando uma atitude tranquila, amigável, confiante e relaxada.

É muito provável que o TIA oiça o seguinte comentário várias vezes, fruto da disposição para ajudar de vários proprietários: "Eu tenho um cão que era perfeito para fazer este tipo de trabalho... Deixa-se fazer de tudo! O meu filho deita-se em cima dele e faz-lhe mil travessuras e ele não se importa nada!"

Devemos ter bem claro que uma coisa é estar tranquilamente deitado e relaxado no sofá de casa a receber mimos dos vossos filhos e outra é relaxar-se no sofá da consulta do dentista, à espera de ser atendido, com outros pacientes que não conhece. É óbvio que vivemos estas duas situações de formas totalmente diferentes. Para a maior parte dos cães é diferente deixar-se mimar por aqueles que fazem parte do seu clã e permitir que o manipulem – de forma más ou menos brusca ou carinhosa – uns anjinhos que não conhece.

A manipulação física do cão manta durante a sessão

Um cão manta nasce o faz-se? É um cão que nasce com umas características físicas e psicológicas que fazem com que seja apto para esse trabalho. Como todos os cães de terapia, deve ter uma obediência básica excelente para que se possa comportar segundo determinados padrões em todos os lugares e momentos, deve estar bem socializado com o entorno (em especial com o entorno no qual vai trabalhar) e deve possuir uma personalidade que será escrupulosamente selecionada.

É muito importante considerar que os cães manta devem permitir e facilitar a sua manipulação física, mantendo-se relaxados em todo o momento mesmo que a situação não lhes seja familiar (por exemplo numa sala de estimulação sensorial de uma escola ou ginásio, com o seu ruído ambiente associado) ou seja ameaçadora (ruídos fortes, espasmos ou manipulações bruscas por parte do RI). O cão manta deve ter confiança suficiente no TIA ao ponto de aceitar ser manipulado por ele sem oferecer resistência.

O motivo é bastante claro. Se o objetivo é que o cão manta se coloque ao lado, debaixo ou sobre um RI afetado, por exemplo, por uma paralisia cerebral, para que o PI possa continuar a trabalhar o TIA deve procurar que o manejo do cão ao lado do RI seja o mais rápido e delicado possível (rápido para não interromper a sessão e delicada para evitar assustar, incomodar ou roçar o RI). A melhor forma de o fazer é manipular o cão sem a necessidade de emitir várias ordens encadeadas.

Por exemplo: se o PI quer que o RI se deite ao lado do cão repousando o braço e a perna direitos sobre o seu corpo e, por outro lado, que o cão deitado ao lado do RI pouse as patas anterior e posterior esquerdas sobre o RI podíamos efetuá-lo de duas formas: a primeira seria pedir ao cão que realize todos os passos prévios com comandos gestuais e verbais; a segunda seria manipula-lo até obter a posição descrita.

A nossa experiencia diz-nos que para o cão é com a segunda opção que poupa uma maior quantidade de energia, pois como confia no seu técnico simplesmente deixa-se levar sem a necessidade de obedecer a comandos constantemente. Para a equipa, a segunda opção também é a mais rápida e eficaz e interfere menos no trabalho do PI com o RI – fazendo com que a UI se converta simplesmente no fio condutor da sessão, beneficiando o RI e enriquecendo os objetivos terapêuticos do PI.

Morfologia do cão manta

Fisicamente podemos distinguir duas modalidades de trabalho em função do tamanho do cão manta: os cães manta A (CMA) - os cães corpulentos e com pelo abundante, do tipo Golden Retriever, Bouviers de Berna, etc; e os cães manta B (CMB) – os cães mais pequenos, do tipo Cavaliers, Cockers Americanos, etc.

Os primeiros pelas suas qualidades físicas vão actuar principalmente como elementos de contenção, de suporte (como cunhas vivas para o RI) de modo a favorecer os estímulos de propriocepção e a estimulação vestibular.

Os cães manta de tamanho mais pequeno vão atuar tanto como elemento ativo motivador assim como elementos enriquecedores do contacto corporal do RI em várias partes do corpo; intervirão ocupando espaços de forma a oferecer um maior conforto ao RI.

O bem-estar do cão manta

Por tudo o que expusemos até agora, podemos afirmar que o trabalho de um cão manta é stressante. À primeira vista podia parecer o contrário, uma tarefa cómoda e relaxante. Na realidade, é assim de o devemos perceber: o cão deve transmitir relaxação, calma e segurança. No entanto, nós, enquanto profissionais, não nos podemos esquecer que "o processo ocorre interiormente", que o cão está atento e concentrado para realizar o seu trabalho na perfeição, chegando ao ponto de dar a sensação de que está, simplesmente, a dormir.

É por este motivo que, depois de finalizadas as sessões, o cão manta — assim como um cão de terapia — deve ter o seu tempo de recreio, voltar a ser cão: farejar, correr, brincar e encher-se de energia para continuar a ser um cão feliz que goza de ternura e afeto.

De forma resumida, os cães manta devem ser cães com qualidades excecionais para que sejam capazes de realizar o seu trabalho corretamente e, ao mesmo tempo, os TIA devem esforçar-se para que todo este trabalho não suponha um stress que repercuta negativamente no bem-estar físico e psicológico dos cães.

O sentido comum e o respeito

Por esta altura já sabemos — entre muitas outras coisas — como deve ser um cão manta, como deve atuar, o que se pode esperar dele e quem nos pode ajudar. Mas o que espera de nós o nosso companheiro de trabalho?

Como a todos os seres vivos, devemos ama-lo, cuida-lo, estimula-lo, dar valor à boa disposição que nos oferece todos os dias, recompensa-lo e respeita-lo continuamente.

Gostava de fazer um pequeno finca-pé neste último termo: o respeito pelo cão manta.

Se bem nos lembramos, o cão manta é um cão de terapia especificamente selecionado e adestrado para manter uma determinada posição durante o tempo necessário e requerido pelo técnico em intervenções assistidas por animais (TIA).

Nem todos os cães de terapia tem capacidade para serem felizes sendo cães manta, nem todos os cães manta podem realizar todas as PCC e, de todas as posições que nos vem à ideia, só algumas são aptas para realizar como PCC. Então em quem recai a responsabilidade da integridade física e psicológica do cão manta?

A responsabilidade do bem-estar físico e psicológico do cão recai no profissionalismo, n o sentido comum e no respeito do TIA em relação ao seu companheiro de trabalho.

Como TIA's atuemos com profissionalismo e precaução, medindo os pros e contra de cada posição, para que desta forma ajudemos as sessões terapêuticas a enriquecer mediante as IAA, ao mesmo tempo que continuamos a aprender e a melhorar o nosso rendimento como unidade de intervenção.

Como PI devemos avaliar quais são as PCC mais apropriadas para trabalhar os objetivos propostos.

Aspetos a ter em conta antes de nos iniciar nas TAA com um CM

Devemos ter sempre em conta o balanço entre custo e benefício na hora de nos iniciarmos nas intervenções. Os benefícios da relação humano-animal dão- se na nossa própria casa com os animais de companhia, nos programas de visita dos voluntários com os seus cães, assim como nas interações profissionais muito mais próximas e complexas: por exemplo nas sessões de terapia com animais e nas sessões com cães manta, sempre levadas a cabo por profissionais formados no âmbito das IAA.

Assim, segundo as necessidades de cada RI, dos objetivos planeados em cada caso e da capacitação da equipa de trabalho, selecionaremos o tipo de intervenção que se efetuará: desde um programa de visitas por parte de um voluntário a uma sessão de TAA com um cão manta realizado por um profissional das IAA.

No caso de que a equipa decida realizar um projeto de TAA para um RI utilizando um cão manta com a finalidade de trabalhar determinados objetivos terapêuticos este terá que seguir certas pautas. O CTAC considera estritamente necessário cumprir os seguintes passos antes de iniciar um cão de terapia na aplicação das PCC:

- O cão deve ter, no seu historial profissional, uma experiencia prévia amplia e positiva como cão de terapia.

- Ter a certeza de que estamos perante uma unidade de intervenção profissional competente, sólida e confiável.

- Dispor de um exame veterinário que garanta um estado ótimo de saúde do cão em geral e cardiorrespiratório em particular.

Aspetos a ter em conta durante as sessões com um CM

O CTAC considera estritamente necessário que o nosso animal de terapia realize visitas de controlo veterinário periódicas e efetue as vacinas e desparasitações rotineiras (cada 4 a 6 meses)

Desta forma, perante a mais insignificante indisposição física ou psicológica por parte do cão de terapia, o TIA deverá retirar esse cão do programa até a sua recuperação completa e a respetiva autorização por parte do médico.

Na iniciação das PCC, o TIA deve exercitar-se e treinar o cão de terapia de forma lenta e progressiva, seguindo o seu ritmo. Deve começar a prática das PCC desde as mais fáceis para o cão progredindo gradualmente até a um maior grau de complexidade.

Devemos ter sempre presente que perante uma PCC que permita observar o mínimo sinal de desconforto no cão (tosse, espirros, agitação ou outras), lentamente e em coordenação com o EIA, desfazemos a PCC e colocamos o cão de terapia em posição de esfinge em repouso.

Posteriormente, antes de começar a trabalhar, devemos avaliar juntamente com o nosso veterinário de referência se é conveniente continuar a realizar esse grupo de PCC com o nosso cão.

Não devemos aplicar as PCC em decúbito supino (PCC números 9, 14, 19, 28 e 37) a não ser que tenhamos a certeza que o nosso cão manta se sente cómodo nestas e está apto para a sua realização com o TIA.

Desta forma, quando o TIA sugira ou aplique uma PCC juntamente com o EIA, este deve estar seguro que o cão manta a aprendeu, a assimilou e se sente conformado e relaxado na sua realização.

Resumindo: um TIA tem sempre que velar pelo bem-estar do cão.

Por esse motivo deve:

• Formar-se de forma correta como profissional,
• Saber selecionar o CM mais adequado a cada sessão,
• Garantir um seguimento veterinário escrupuloso,
• Propor sessões de terapia adequadas para as capacidades do seu animal em função dos objetivos propostos pelo profissional,
• Facilitar a interação durante a sessão
• E velar continuamente pelo bem-estar do animal, mesmo que isto signifique interromper uma sessão se o considera oportuno.

Posições do Cão Manta

Este livro descreve basicamente as várias formas nas quais podemos situar o cão de terapia no espaço em relação à posição em que o usuário se encontra.

Por este mesmo motivo, antes de começar a nomear e analisar as várias posições caninas CTAC, vamos descrever as principais zonas ou áreas representativas que encontramos sobre o corpo do cão, em função ao seu posicionamento.

CM de pé ou em quadrupedia

Dizemos que o cão se encontra de pé quando apoia o seu corpo sobre as quatro patas, por sua vez apoiadas numa superfície.

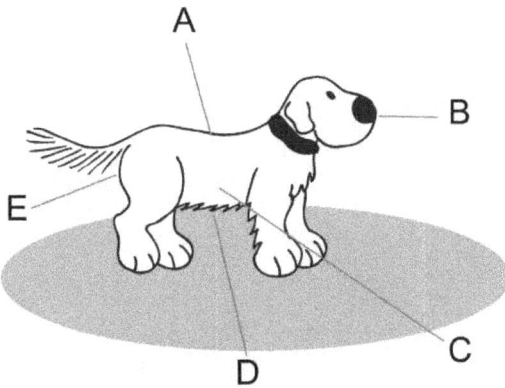

- A: A zona dorsal que abrange a superfície horizontal superior, lombo do cão.
- B: A zona cefálica, situada na parte anterior (cabeça), rosto do cão.
- C: As zonas laterais, situadas de ambos os lados, entre a zona dorsal e a zona ventral do cão.
- D: A zona ventral que abrange a superfície compreendida entre as patas anteriores e posteriores do cão.
- E: A zona caudal, situada na parte posterior do cão.

CM tombado ou deitado de lado

Dizemos que o cão está tombado ou deitado de lado quando se encontra jacente sobre um dos flancos (o espaço compreendido entre a ultima costela e as ancas do cão) e sobre o costado torácico e craniano do mesmo lado, deixando livres as suas patas anteriores e posteriores.

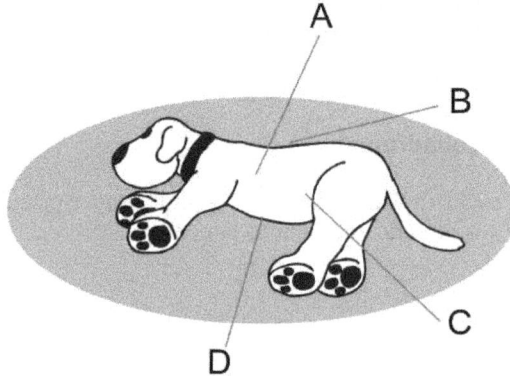

Neste caso podemos distinguir as seguintes zonas:

• A: A zona torácica e o espaço correspondente à caixa torácica do cão, a superfície convexa e dura que se encontra delimitada pela zona axilar e a última costela do cão.

• B: A zona dorsal, espaço delimitado entre a cernelha (parte mais alta do lombo de alguns animais, onde se cruzam os ossos das extremidades anteriores com a coluna vertebral) e a garupa do cão (paste posterior e superior dos quartos traseiros seguindo a coluna vertebral; linha dorso-lumbar)

• C: A zona abdominal, espaço correspondente à cavidade abdominal do cão. Zona côncava e relativamente mole que se encontra delimitada pela última costela, pela zona inguinal e pelas patas posteriores do cão.

• D: A zona ventral, espaço compreendido entre as patas anteriores e posteriores do cão.

CM deitado em repouso

Dizemos que se encontra deitado em repouso quando o eixo longitudinal se parte na parte posterior de forma a que as ancas do cão repousem sobre o chão e as patas posteriores descansem de lado.

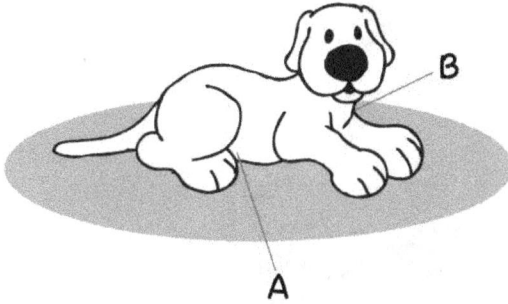

Neste caso distinguimos as siguientes zonas:

• A: A zona lateral interna, espaço contido entre as patas do cão.

• B: A zona lateral externa, espaço que corresponde ao lado oposto à zona lateral interna.

CM deitado em esfinge

Dizemos que adota a posição de esfinge quando a cabeça e a garupa do cão ficam alinhadas relativamente a um eixo longitudinal, de forma a que as quatro patas sustenham sobre os cotovelos o peso do corpo do cão.

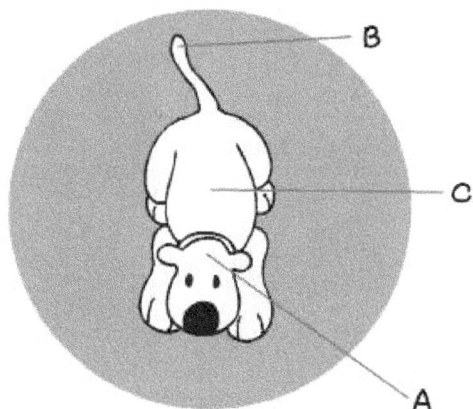

Neste caso diferenciaremos:

• A: A zona cefálica, à volta da cabeça

• B: A zona caudal, à volta dos quartos traseiros do cão

• C: A zona dorsal, espaço correspondente à linha dorso-lombar do cão.

CM em decúbito supino ou de barriga para cima

Dizemos que adota a posição de decúbito supino quando o peso do corpo do cão repousa sobre o seu lombo, ao mesmo tempo que a cabeça e a garupa do cão estão alinhadas relativamente a um eixo longitudinal. Deste modo, as quatro patas ficam livres e relaxadas.

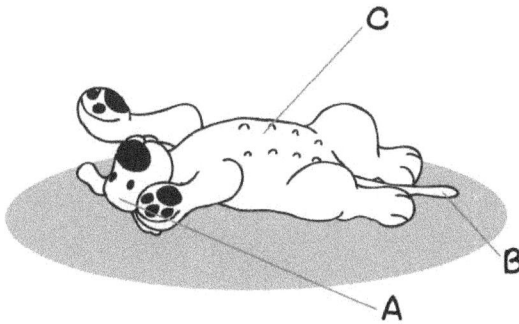

Neste caso diferenciaremos:

• A: A zona cefálica, à volta da cabeça do cão.

• B: A zona caudal, à volta dos quartos traseiros do cão.

• C: A zona ventral, espaço correspondente à cavidade torácica e à cavidade abdominal do cão.

Fundamentação das PCC: Posições Caninas CTAC

Tal como acabamos de descrever no capítulo anterior, são cinco as posições que um cão pode adotar de forma natural:

I) Quadrupedia ou de pé;
II) Deitado de lado;
II) Deitado em repouso;
III) Deitado em posição de esfinge;
IV) De decúbito supino ou barriga para cima.

Cada uma destas posições, por si só, não supões qualquer dificuldade para o cão; a dificuldade aparece se este tem que as manter (apesar dos estímulos externos mais ou menos intensos) de forma estável e durante o tempo requerido pelo TIA.

É dependendo destas variáveis que se pode considerar se um cão de terapia está a trabalhar como cão manta.

Para cada uma das várias posições caninas CTAC (PCC) vamos descrever a colocação exata do cão relativamente ao usuário, com ênfase em "do cão relativamente ao usuário" – com isto queremos dizer que nas PCC não se concebe que o RI se molde ao cão mas sim que o cão seja quem se adapte à posição do usuário, às suas necessidades, assim como às necessidades do profissional da intervenção (PI).

Cada PCC facilita a execução de uma ou várias atividades terapêuticas que estão pensadas para trabalhar em prol dos objetivos inicialmente planeados.

No momento em que o TIA propõe uma PCC ao PI, este deve estar seguro que as capacidades do seu CM garantem o êxito dessa PCC; uma sessão de TAA com um cão manta não pode ser nunca uma sessão de treino para o cão.

<u>Como ensino ao meu cão todas e cada uma das PCC?</u>

Se tem a sorte de que um cão com umas características físicas e psicológicas determinadas tenha entrado na vossa vida e suspeitam que poderia ser um bom cão manta, abram bem os olhos! Pois este pode vir a encher de alegria crianças e idosos nas suas sessões terapêuticas através das IAA.

Ainda assim, tudo isto não é tão fácil como apenas ter encontrado esse cão, mesmo sendo fundamental e a primeira parte processo. Este deve ser um cão de terapia com as capacidades e atitudes esperados destes, deve ter ao seu lado uma boa equipa terapêutica com a qual pode intervir e, sobretudo, deve ter um bom técnico de terapia assistida que vele pelo seu bem-estar físico e psicológico e que o saiba guiar e manipular durante a sessão.

Começa-se, então, por uma escolha do cachorro ou cão adulto, com a sua formação em obediência básica e a sua examinação como cão de terapia.

A partir deste momento inicia-se um processo lento e progressivo na aprendizagem das PCC, tanto por parte do cão como do TIA. Antes de mais, para que o cão possa progredir, o TIA deve sentir-se seguro de si mesmo e do seu cão, para que assim transmita esta segurança quando o maneja.

Um dos erros mais frequentes dos TIA principiantes é pensar que o cão de terapia mantém uma determinada postura perante reforços imediatos: "vou ajudar a que o meu cão aguente nesta posição colocando-lhe um prémio no focinho".

Este pensamento está errado por dois motivos:

• Em primeiro lugar o cão não se deve aguentar em determinada posição. Deve antes manter-se relaxado e atento simplesmente porque o TIA assim o indicou e lhe deu a confiança necessária para o fazer.

• Por outro lado, se supomos que o nosso cão se vai manter relaxado e quieto com um pedaço de comida no seu focinho imaginemo-nos na mesma situação. Mesmo que com controlo, educação e obediência nos mantivéssemos estáticos, o nosso corpo respondia com agitação e nervosismo. É isto que se passa com o nosso cão: mantem-se quieto, mas está à espera do prémio e não adota a atitude relaxada que é tão essencial para que o RI beneficie da interação.

Com isto queremos dizer que, a não ser que façam parte da atividade terapêutica, durante a PCC o TIA não entregará prémios reforçadores ao cão manta. A formação de um cão manta realiza-se lentamente e na medida de um incremento de confiança entre o TIA e o seu cão manta; isto requer tempo e destreza.

Vamos começar pelas PCC de menor complexidade para o cão e para o TIA e iremos aumentando sucessivamente o tempo de permanência e o grau de dificuldade, reforçando sempre a conduta do cão ao finalizar uma PCC corretamente.

Fundamentação da posição do TIA relativamente ao CM (CCM)

Por fim, antes de entrar no fabuloso mundo das PCC, vamos explicar de que forma o TIA se deve situar relativamente ao CM quando este se encontra na posição de lado e explicitar os passos que o TIA deve seguir para dar apoio físico e anímico ao seu companheiro durante as PCC.

Recordemos que o papel do TIA durante a sessão é de facilitar a interação do CM com o RI em função dos requerimentos do PI. Além disso o TIA deve velar sempre pelo bem-estar físico e psicológico do cão - antes, durante e depois da sessão.

Para que isto aconteça, o TIA deverá aconselhar o PI sobre as PCC mais adequadas tendo em conta os objetivos terapêuticos propostos pelo PI para cada RI; devem ser muito bem pensadas e supervisionadas para que não incomodem ou magoem o cão manta em nenhum momento.

Isto requer que o TIA tenha bem presente todo o rango das PCC, conheça bem o seu cão, tenha um bom critério e entenda de forma clara que para que uma PCC tenha êxito com o RI, o CM deve poder realizá-la de forma cómoda, segura e respeitosa. Se isto não acontece podem-se produzir situações indesejadas a curto e longo prazo, tais como: durante a interação o cão não mantenha a postura; apesar de não se encontrar bem colocado "aguenta" a posição, o que se irá repercutir no seu futuro como cão manta, pois viveu uma experiencia estressante e negativa.

Por tudo isto, se temos o cão adequado e se pensamos bem na PCC mais adequada para determinada atividade ou objetivo, quando se inicie a PCC o TIA só terá que velar pelo bem-estar do seu animal e pela interação do cão com o RI, tudo isto sob a demanda do PI.

Assim, o TIA deve posicionar-se perto do cão para lhe dar apoio físico, para o manipular com destreza e de forma ágil e, por fim, para perceber o seu estado anímico e oferecer-lhe, através de um contacto firme, confiança na situação.

Para cada PCC vamos descrever a posição que o TIA deveria ocupar e, pela sua importância nas PCC, exporemos detalhadamente a posição do co-cão manta.

A posição do CCM é a posição física que o TIA adota relativamente ao seu companheiro quando este ocupa a posição de lado numa PCC.

Para a realizar, no momento em que o cão manta se encontra na posição de lado e antes que o RI se acomode sobre o corpo dele, o TIA deverá seguir os seguintes passos:

1- Ajoelhar-se

O TIA ajoelha-se atrás do lombo do cão, posicionando-se de cócoras sobre a mesma superfície na qual o cão se encontra (colchonete, chão, mesa, etc).

Apoia os seus glúteos sobre as pernas, se possível, com a ajuda de alguma proteção ou suporte para que esta posição não prejudique as suas articulações – se esta opção se encontra disponível é muito aconselhável para o bem-estar dos TIA.

Esta posição vai permitir ao TIA a mobilização do tronco e dos membros superiores em qualquer momento sem ter que mudar o ponto de apoio dorsal do cão. Simultaneamente, a força que os joelhos do TIA exercem no cão vai contrariar a força do RI deitado sobre o corpo dele. Este contrabalanço das forças será muito positivo para o animal, que não deve manter a sua musculatura dorsal em tensão para equilibrar a força que o RI possa exercer sobre ele.

2- Colocação do pelo do cão

Com as duas mãos ao mesmo tempo, devemos manipular suavemente o pelo e o corpo do cão, puxando com delicadeza para cima e para a frente de forma a introduzir os joelhos no espaço vertebral (espaço existente entre a coluna vertebral do cão e o solo) e deixar cair o pelo do cão sobre os joelhos. Esta manobra é muito importante, pois desta maneira os joelhos do TIA não pressionarão a coluna vertebral do cão e, assim, evitamos magoá-lo.

3- Colocação das mãos do TIA

Posteriormente, o TIA colocará ambas as mãos sobre o pelo do cão, já que estas atuarão:

• Como forma de comunicação entre o TIA e o cão. Mediante um contacto superficial, constante, seguro e firme, o cão vai-se sentir relaxado e confiado pela presença do TIA.

• Como prevenção. Em caso de algum contratempo, tanto por parte do cão manta (por exemplo, que queira levantar algum dos seus membros) ou do usuário (um aumento da pressão que exerce sobre o corpo do cão produzido por um espasmo), o TIA tem as mãos sobre o lombo e intervirá rapidamente: nos exemplos referidos poderia baixar a pata ao cão ou colocar as mãos por baixo da cabeça do RI, contendo o espasmo, para que não impacte diretamente sobre o cão.

• Como facilitador. As mãos do TIA devem estar prontas para manipular o corpo do cão, em função da demanda do PI, para favorecer a interação entre ele e o RI. Por exemplo, mobilizando a cabeça do cão, a cauda ou as patas.

4- Facilitar ou guiar a aproximação

O TIA esperará ou guiará o PI ou o RI na aproximação ao cão.

Resumindo, se o TIA ocupa a posição de CCM poderá:

• Oferecer ao cão um apoio físico que contraria a força que o RI exerce ao estar deitado sobre ele. O cão poderá relaxar-se, sem ter que colocar a sua musculatura sobre tensão para manter a posição. Isto será possível permitindo que o lombo do cão descanse sobre os joelhos do TIA. Dizemos "sobre" dado que os joelhos do TIA não devem impactar na coluna vertebral do cão mas sim posicionar-se no espaço existente entre a coluna e o chão (espaço vertebral).

• Supervisionar o bem-estar do cão e dar-lhe a confiança necessária para realizar a PCC. O TIA colocará ambas as mãos de forma estável e firme sobre o corpo do cão, à altura das articulações escapular e pélvica. É importante que o TIA não transmita o seu nervosismo ou a sua insegurança ao cão, acariciando-o de forma repetitiva num mesmo local. O cão está ali para relaxar o RI e não o TIA.

• Manipular as várias partes do corpo do cão, por exemplo, a cauda, a cabeça ou as patas. Isto será possível visto que a posição na qual o TIA se encontra permite — se fizer falta — que este se levante e manipule o cão tranquilamente, sem que por isso os joelhos deixem de estar na sua posição inicial (no espaço vertebral).

• Proporcionar os estímulos sensoriais ou vibráteis que estimulem o RI mediante a interação com o corpo do cão.

• Ter uma visão geral da situação e dos possíveis requerimentos do PI ou do RI a todo o momento.

Posições Caninas CTAC
PCC

Capítulo 1

PCC com o usuário
em posição bípede

Se o recetor da intervenção (RI) ou usuário com o qual vamos trabalhar se encontra de pé, seja para trabalhar no processo de sustentação ou em prol de uma maior estabilidade na marcha, podemos colocar o cão manta em quadrupedia nas seguintes posições relativamente ao RI para trabalhar vários objetivos terapêuticos:

PCC. 1- CM alinhado à distância com o RI
PCC. 2- CM perpendicular à distância com o RI
PCC. 3- CM paralelo à distância com o RI

Benefícios desta posição

• Facilita a marcha
• Estimula o equilíbrio
• Aumenta a autonomia pessoal
• Incrementa a autoestima da pessoa

PCC.1
CM alinhado à distância com o RI

Descrição da PCC

Nesta posição canina CTAC (PCC) o cão coloca-se no mesmo sentido da marcha do RI, alinhado com ele e mantendo uma distância constante entre ambos através de uma ancoragem umbilical.

Objetivo da PCC

O objetivo centra-se em facilitar a marcha do RI que acompanhará o cão àquele lugar do qual, supostamente, tanto gosta e que o faça com a maior autonomia possível. O usuário, motivado por levar o cão a passear, esmera-se ao máximo, facilitando o trabalho terapêutico do PI.

Posicionamento e funções da equipa

Posição e função do cão

O cão de terapia exerce as funções de um cão manta (CM), pois este deve permanecer numa posição de tração durante o tempo necessário e requerido pelo terapeuta, esperando que o RI realize o movimento de progressão na marcha.

Para que isto aconteça, o CM deve situar-se à frente do RI a uma distância suficientemente grande para que os seus quartos traseiros não sejam um obstáculo à marcha do usuário e suficientemente curta para que o usuário possa ter contacto visual com o animal.

O CM estará unido ao RI por uma trela de ancoragem que, por sua vez, se encontra segura a um arnês (para evitar que magoe o pescoço). Esta mantém-se em tensão constante provocada pela tração que o cão realiza sobre ela, quer esteja em movimento ou parado e quieto.

Para a realização desta posição é necessário um cão corpulento e com uma altura tal que o ângulo de ancoragem entre o cão e o RI não supere os quarenta e cinco graus.

Posição e função do TIA

O TIA deve situar-se em frente ao cão e no sentido contrário à marcha, com o objetivo de controlar a velocidade de deslocamento do cão em função dos requerimentos do profissional da intervenção (PI).

É muito importante que o TIA controle a velocidade de deslocamento do CM, pois esta vai-se repercutir diretamente na tração que trela exerce sobre o usuário. Por isso é imprescindível que, ao mesmo tempo que supervisiona o cão, o TIA se mantenha alerta a todas as indicações do PI.

O TIA deverá controlar a tração e a velocidade do deslocamento do cão mas, perante qualquer contratempo, pode sempre intervir e pegar diretamente na trela de ancoragem a vinte centímetros do arnês do cão para exercer essa tenção por si só, ao mesmo tempo que continua a controlar o deslocamento do cão.

Durante o passeio a voz do TIA converte-se num estímulo auditivo muito importante para que o RI continue com a árdua tarefa que é a marcha. O TIA dará a voz aos sentimentos e sensações do cão: "Que contente está a Cuca por passear contigo, olha como mexe o rabo!"; "Maria, tou cheia de vontade de chegar ao parque e brincar contigo! Ainda bem que me acompanhas!", etc.

Posição e função do PI

O PI, normalmente um fisioterapeuta ou um terapeuta ocupacional, mantém-se ao lado do RI. Este deve controlar o seu deslocamento e facilitar uma posição corporal correta, evitando que o RI realize uma hiperextensão, e proporcionar uma rotação adequada das cinturas escapular e pélvica para conseguir uma marcha fisiológica e funcional.

Este será o responsável de colocar o cinto de ancoragem umbilical ao usuário e aprovar o seu uso. É muito importante procurar a posição de ancoragem mais adequada para cada RI tendo em conta o seu tónus muscular, a sua autonomia e o seu controlo postural. Posteriormente, este indicará ao TIA, em função das necessidades do RI, o grau de tração que o cão deve exercer sobre a trela e a velocidade da marcha. Mais tarde, o PI deve retirar o cinto ao RI para iniciar uma nova atividade.

Posicionamento do RI

O RI situar-se-á atrás do cão e ficará unido a este através de um cinto de ancoragem umbilical formado por uma trela de ancoragem que vai desde o arnês do cão manta até à zona umbilical do RI.

O cinto de ancoragem umbilical deve estar bem acolchoado para que a tração do cão não se converta num estímulo negativo para o usuário, mas sim que este beneficie da força da tração para progredir na marcha. Ao contrário do cinto de ancoragem para crianças com autismo, a argola de ancoragem não se situa na parte lateral do cinto do mas sim na sua linha média à altura do umbigo - assim a tração que o cão exerce incide sobre o centro de gravidade da pessoa e, deste modo, a marcha é facilitada.

É importante que o RI olhe para a frente, o mais longe possível, de modo a facilitar a manutenção do equilíbrio e, consequentemente, da marcha.

Nesta postura, na qual o RI tem ambas as mãos livres, não se exige que ele segure na trela, apenas que inicie e mantenha a marcha.

Preparação da PCC Alinhado Anterior:

O PI colocará o cinto de ancoragem ao RI enquanto o TIA posicionará o cão de pé na posição de "quieto" à distância combinada com o PI. De seguida, o PI e o TIA ancoram a trela ao cinto do usuário e ao arnês do cão, respetivamente.

<u>Início da atividade:</u>

No momento em que o PI dê ordem para avançar, o TIA facilitará o deslocamento lento e controlado do cão no sentido da marcha, esperando que o RI dê o primeiro passo. À medida do decorrer dos passos do RI, o cão continuará a marcha à velocidade previamente combinada com o PI.

No momento em que o RI a interrompa, o cão deve parar e poderá exercer uma tração controlada quando esta seja requerida, para favorecer assim a deambulação do RI.

Se o PI deseja interromper o movimento do RI, o TIA deverá deter o cão – tanto o movimento de progressão como o de tração – com a ajuda de uma ordem verbal ou sem ela ("Olha, a Cuca cansou-se e parou" ou "Ai, que a Cuca parou!"). Antes de recomeçar a marcha, o TIA também poderá oferecer uma ajuda verbal ao RI ou, simplesmente, fazer com que o cão inicie o movimento.

O TIA, que caminhará de costas à direção da marcha, tem de estar continuamente atento ao PI, ao cão, à trela de ancoragem e ao RI e poderá ainda amenizar a marcha com comentários a respeito dos sentimentos ou sensações do cão em relação ao RI, sempre e quando o PI sugira que o faça.

Vamos tentar que o RI olhe sempre em frente, seja porque o TIA lhe vai contando coisas do cão, porque está a olhar para o cão ou porque deve localizar determinados sítios ou resolver problemas pelo caminho.

Exercícios práticos

Para os membros inferiores

VAMOS AO PARQUE:

Todas as atividades que proponhamos ao RI devem ter um sentido e um significado. Podemos propor ao RI que acompanhe o cão a ir fazer as suas necessidades ao jardim ou que o leve ao parque para brincar. O vínculo existente entre o RI e o cão faz com que o usuário beneficie de uma grande motivação quando realiza a atividade. Por esta mesma razão, devemos assegurar-nos que, ao chegar ao nosso destino, o cão realize o que lhe propusemos ao RI: xixi à ordem ou atirar-se pelo escorrega.

ANDAR NUM BARCO

Com a finalidade de facilitar a marcha e a transferência de peso de um membro ao outro, o cão progredirá de forma suave, realizando um pequeno zigzag. Deve permanecer quieto e em tração até que o RI transfira o seu peso ao membro inferior que corresponde ao lado de progressão do cão.

Para a estimulação cognitiva ou sensorial

ENCONTRAR OS PRÉMIOS

Já sabemos que dar comida ao cão é uma das atividades preferidas dos RI. Uma forma para fazer com que o RI olhe para a frente enquanto caminha é estimula-lo de forma a que possa obter prémios para o cão. Cada vez que o RI olhe para o prémio que o TIA tem na mão – que o posicionará a alturas diferentes -, este deixa-o cair num recipiente, provocando ruído. No final do percurso, o RI senta-se ao lado do cão e entrega-lhe os prémios que conseguiu colecionar.

Se o PI deseja interromper a marcha e reinicia-la novamente, cada vez que o RI localize um prémio a equipa pára, o cão senta-se em frente ao RI e este dá-lhe o prémio. De seguida, retoma-se a marcha. Posteriormente, se queremos aumentar o nível de dificuldade da atividade, podemos colocar prémios (sozinhos ou identificados com molas da roupa de várias cores) em diferentes localizações ao longo do percurso para que o RI os encontre à medida que caminha.

ADIVINHA ONDE TE LEVO

O usuário guia o cão ao seu destino. Primeiro o RI deve combinar com o seu PI a rota que quer recorrer com cão. De seguida, o RI indica ao cão onde é que este deve ir e ele deve obedecer, deslocando-se lentamente e em tração na direção que o RI lhe indicou.

SIGAMOS O RITMO

Mediante ordens verbais previamente combinadas com o PI, o TIA mudará o ritmo do deslocamento do cão: lento, rápido, muito rápido...

PROVA DE OBSTÁCULOS:

Cria-se um circuito que ajudará o usuário a melhorar o seu equilíbrio, colocando vários obstáculos que tanto o cão como o RI possam ultrapassar com facilidade.

Para os membros superiores

Não enumeraremos exercícios para os membros superiores nesta posição com ancoragem dado que o principal objetivo desta postura é favorecer a marcha do RI. Consideramos que se se realizam exercícios para os membros superiores ao mesmo tempo que se trabalha a marcha o processo de aprendizagem será mais lento.

Cabeça e tronco

Na PCC com ancoragem o tronco do RI mantém-se erguido pela força de tração que o cão exerce sobre o cinto (por sua vez, através da argola de ancoragem). Por este motivo, o trabalho em equipa e o supervisionamento constante do RI por parte do PI são de suma importância, pois é o PI que deve controlar a posição adequada do tronco evitando lateralizações ou movimentos de compensação exagerados.

SAQUINHOS SOBRE O CORPO:

A diferentes alturas, vão estar saquinhos de diferentes pesos que o RI encontrará pelo seu percurso. O TIA, mediante indicação do RI, recolhe-os e o PI coloca-os no lombo do cão ou sobre a cabeça ou os ombros do RI. Ao chegar à meta, todos os sacos que continuem sobre os corpos são trocados por prémios e estes, por sua vez, por habilidades caninas.

PCC.2

CM perpendicular à distância do RI

Descrição da PCC

Para realizar esta postura, colocamos o cão em pé e perpendicular ao RI. O TIA estará posicionado num dos lados do CM, apoiando-o, e do outro lado estarão posicionados o RI e o PI. Em condições otimais, a altura da cernelha do cão deve coincidir com a altura da cintura do RI, de modo a que este se possa apoiar no lombo do CM como forma de suporte.

Objetivo da PCC

O objetivo é que o RI, motivado pela presença do cão, se levante e se mantenha em posição bípede durante o tempo requerido pelo PI, ao mesmo tempo que o cão de terapia o sustém e lhe oferece o seu suporte.

Posicionamento e funções da equipa

Posição e função do cão

O cão mantém-se em quadrupedia e colocado perpendicularmente ao RI. A sua posição deve ser, ao mesmo tempo, firme e relaxada; isto é, o corpo deve manter-se erguido mas sem mostrar qualquer resistência à manipulação por parte do TIA.

O cão deve suster-se de forma impassível, sem ceder nem sacudir perante o contacto profundo e instável do RI durante o exercício. Para isso, o CM dispõe sempre da ajuda incondicional do TIA, que o sustentará.

Posição e função do TIA

O TIA deve colocar-se perpendicularmente ao cão e adotar uma posição estável e confortável na qual se possa manter durante o tempo necessário sem a necessidade de se mover e / ou colocar-se novamente mas que, ao mesmo tempo, lhe permita sustentar e manipular o cão.

O TIA, ajoelhado perpendicularmente ao CM, deve dirigir um braço à zona caudal e o outro à zona cefálica. Posiciona as palmas das mãos, respetivamente, sobre o abdómen e por baixo da mandíbula do cão, contrariando a força que o RI imprima sobre o cão (ou seja, com uma força de igual intensidade mas com sentido contrário). O TIA – em função das indicações do PI – ajudará a que o cão se mantenha quieto ou imprimirá pequenos movimentos de oscilação nas quatro direções do espaço para que o RI os contrarie. De forma controlada e dirigida pelo PI, o TIA poderá descrever as várias partes e texturas do cão ao RI para o distrair enquanto este mantém uma determinada posição.

Posição e função do PI

O PI ocupar-se-á do RI, posicionando-se no local mais apropriado segundo o caso (preferivelmente efetuando uma contenção a nível pélvico de modo a facilitar uma adequada distribuição do peso corporal). Caso seja necessário também poderá ajudar a manter a posição do tronco para evitar que a criança não apoie todo o seu peso sobre o corpo cão. Será benéfico para o RI que este coloque as suas mãos no lombo do cão, obtendo a confiança necessária, fruto do vínculo com o animal, para manter a posição bípede ou para realizar/iniciar a marcha lateral. No caso da marcha lateral, o PI decidirá com que velocidade e quando interromper a marcha em função das capacidades e dos objetivos do RI e deve transmitir esta informação de forma verbal ou não-verbal ao TIA, para que este manipule o cão e ajuste os seus movimentos às necessidades terapêuticas.

Posição do RI

Deve situar-se perpendicularmente ao cão com as mãos sobre o seu lombo.

Exercícios práticos

A finalidade de todos os exercícios é que o RI melhore a sua posição bípede ou consolide a marcha lateral, adquirindo movimentos mais fluidos e confiança em sí próprio. Desta forma, vamos propor uma série de exercícios com o cão para o motivar.

Para os membros inferiores

DAR-LHE BANHO:

Posicionaremos o cão perpendicularmente ao RI, que estará sentado numa pequena tarima de madeira com os membros inferiores bem apoiados no chão. Se necessário, podemos colocar talas ou cunhas para o ajudar a manter a postura.

O objetivo do jogo é que o RI se ponha de pé, apoiando-se no lombo do cão. Deverá pegar na espuma que estará dispersa no lado oposto do lombo do cão e manter-se de pé enquanto lhe dá banho, apoiado em menor ou maior medida pelo PI. Durante este exercício, o TIA sustentará o cão pelo abdómen e por baixo da cabeça para evitar que ceda ou que se mova.

VAMOS CAMINHAR LADO A LADO:

Com o CM situado perpendicularmente ao RI (PCC 1.3), marcamos um pequeno percurso pela sala (com fita cola colorida) e a certa distância colocamos um prémio no chão. O RI, ajudado pelo PI, deverá caminhar de lado, junto ao cão, e, apoiado sobre ele, agachar-se e apanhar o prémio.

Para a estimulação cognitiva ou sensorial

A SEQUÊNCIA DA COMIDA:

Antes de iniciar a sessão, o RI deve ordenar uns pictogramas que representam a sequência do ato de dar comida ao cão, com ou sem ajuda do PI (por exemplo: pegar no prato, encher o prato com a ração, dar o prato ao cão, o cão a comer).

De seguida, ao lado do cão, o RI deverá realizar a mesma sequência enquanto recorre a sala em marcha lateral, para que ao terminar o cão possa comer de um prato.

UM ARNÊS CHEIO DE CORES:

Colocamos pedacinhos de velcro no arnês do cão e indicaremos ao RI que, em cada um desses pedacinhos, temos de colocar os círculos de pano de várias cores que se encontram espalhados pela sala. Toda a equipa deve deslocar-se pela sala em busca dos vários círculos para decorar o colete do cão. Cada vez que o RI encontre um deve parar e, na medida das suas possibilidades, agachar-se para o apanhar para posteriormente o colocar sobre o colete do cão.

PARTES DO CORPO

O RI estará apoiado no corpo do cão, que se encontra na perpendicular. Mostramos-lhe várias imagens representativas das diferentes partes do corpo do cão e, com a ajuda do PI e do TIA, o RI deverá tocar em cada uma dessas partes, movendo o pelo suavemente.

Para os membros superiores

MIGAS DE PÃO:

Oferecemos ao RI um pedaço de pão mais ou menos duro e, perante o olhar atento do cão, este deverá partir o pão em pedacinhos mais pequenos. Depois, com a ajuda do cão, deverá recorrer a sala repartindo as migas de pão pelo chão ou depositando-as em alturas diferentes (sobre um banco, sobre uma mesa, etc.). Por fim, o RI solta o cão e este, com ajudas gestuais do RI, comerá as migas uma a uma.

DISFARÇAMO-NOS:

Com o RI de pé ao lado do cão, oferecemos-lhe vários tecidos, tiaras, chapéus, etc. para disfarçar o animal. O RI deve apanhá-las do chão ou de um banco que se encontre perto e, sem se apoiar com as mãos, adornar o cão com a ajuda do TIA e do PI.

Cabeça e tronco

HABILIDADES PENDURADAS:

Devemos pendurar nas paredes da sala alguns pictogramas com figuras que representem várias habilidades caninas. O exercício consiste em que o TIA enumere uma sequência de habilidades: "Senta – pata – deita". O RI deve procurar com o olhar os pictogramas correspondentes e posteriormente, com a ajuda do cão, deve ir buscá-las pela ordem correta para que o cão possa realizar as habilidades para ele.

PCC.3
CM paralelo à distância do RI

Descrição da PCC

Para esta postura colocaremos o cão de pé, paralelo ao RI e em posição "junto". Em condições otimais a altura do lombo do cão deve corresponder à altura da cintura do RI para que este se possa apoiar sobre o lombo como se fosse um bastão, sem a necessidade de desviar a coluna. Caso o RI seja mais alto, este não se apoia diretamente sobre o lombo do cão mas agarra a tira do arnês do cão, sabendo que, perante qualquer contratempo, o cão estará ali para lhe oferecer um apoio físico.

Objetivo da PCC

O objetivo é que o RI adquira confiança na sua própria marcha e se possam ir retirando ajudas (a mão do PI, o lombo do cão) até ao ponto em que ele, finalmente, possa levar o cão a passear sozinho, agarrando a tira do arnês.

Perante qualquer contratempo, se necessitar uma ajuda, o seu amigo canino e o PI alí estarão para o sustentar.

Posicionamento e funções da equipa

Posição e funções do cão

O cão mantém-se na posição "junto" ao lado do RI deslocando-se à velocidade que o TIA ordene. Deve sustentar-se sem ceder nem sacudir perante o contacto profundo e instável do RI durante o percurso. Quando a marcha se interrompa, o cão deve manter-se de erguido e estável perante a pressão do RI, oferecendo-lhe segurança continuamente.

Posição e função do TIA

O TIA coloca um arnês ao cão dotado de uma pega que posicionará ao lado do RI para o convidar a dar uma volta pela sala ou a realizar outra atividade.

De seguida, o TIA coloca-se no lado oposto ao cão, atento às indicações do PI, para marcar a velocidade apropriada do cão ou favorecer que este se mantenha na posição de "quieto", enquanto o RI recupera a estabilidade ou a confiança na marcha.

Desta forma, o TIA verbalizará os sentimentos do cão com a finalidade de que o RI se sinta motivado e perceba a importância de passear com o cão e de o fazer feliz. Também deve fazer com que ele sinta o quão contente o cão está por passear com ele, o seu amigo; por percorrer a sala ou por descobrir sítios novos,

A razão pela qual se devem verbalizar os supostos sentimentos do cão ao RI é porque assim estamos a motivá-lo a levar a cabo a árdua tarefa da deambulação.

Posição e função do PI

O PI deve ocupar-se do RI posicionando-se, preferivelmente, atrás dele. Será benéfico para o RI que este mantenha a mão sobre o lombo do cão ou segure na pega do arnês, obtendo assim a confiança necessária no cão, fruto do vínculo com o animal, para realizar/iniciar a marcha.

O PI decidirá com que velocidade e quando interromper a marcha em função das capacidades e dos objetivos do RI e deve transmitir esta informação de forma verbal ou não-verbal ao TIA, para que este manipule o cão e ajuste os seus movimentos às necessidades terapêuticas.

Posicionamento do RI

O RI deve situar-se junto ao cão manta e colocar a mão o mais próxima possível do cão, sobre o seu lombo ou agarrando a pega do arnês. Esta pega é uma trela que se encontra fortemente cosida de um extremo ao outro do arnês, recorrendo-o longitudinalmente, desde a extremidade mais perto da cabeça até à extremidade mais perto do rabo do cão.

Nesta posição, o RI iniciará a marcha e do cão seguirá os seus passos, como se dissesse: "Eu espero por ti; sem ti não avanço". Quando o RI interrompe o movimento, o cão pára e espera que o RI o retome novamente.

Exercícios práticos

Para os membros inferiores

PASSEAR AO LADO DELE

O objetivo da atividade é que o RI alimente o cão. Devem estar pratos de várias cores com ração dentro espalhados por toda a sala. O PI indicará ao RI de que prato, explicitando a cor e quantos prémios, é que este deve dar ao cão. O RI deverá localizar o prato e deslocar-se até ele, levando o cão pela pega do arnês até ao prato. Neste ponto, segurará na pega com uma mão e com a outra pegará nos prémios para dar ao cão.

AGACHAMO-NOS

O objetivo desta atividade é que o RI se adapte ao movimento do cão. Teremos vários desenhos espalhados pela sala com várias posturas do cão: a caminhar, sentado e agachado. O RI deve movimentar-se pelo espaço e parar quando se encontre à frente de algum dos desenhos. O TIA indicará ao cão a postura e o RI, ajudado pelo PI, deverá adaptar-se ao movimento adequando a sua postura. A ação pode ser premiada.

O MUNDO AO CONTRÁRIO

O RI movimenta-se pelo espaço ao lado do cão. Perante uma indicação do PI, juntamente com o TIA, o cão pára e o RI deverá mudar a mão com a qual segura na pega e caminhar para trás.

Para a estimulação cognitiva ou sensorial

TOCA, PROCURA E CUIDA:

O objetivo é disfarçar o cão com tirinhas de várias texturas e cores. Para isso, devemos preparar previamente umas tiras de feltro com velcro num extremo e decoradas com tecidos de várias texturas: seda, papel de lixa, cartão, algodão, papel de prata, etc.

Com o cão em posição, o RI deve segurar na pega do arnês. Damos-lhe uma determinada textura para que ele toque (por exemplo, um pedaço de algodão). O RI desloca-se ao lado do cão até encontrar a tirinha com a mesma textura e, quando a encontre, deverá colocá-la na parte do corpo do cão que o TIA indique (por exemplo, no pescoço).

TOCA-ME:

Penduramos imagens de diferentes partes do corpo do cão à volta da sala. Ao chegar à frente delas, o RI deverá identificá-las no cão, tocando-as e descrevendo a sensação (rugosa, molhada, suave). Se isto não é possível, este poderá descrevê-las explicando se é uma sensação agradável ao tato (podemos ajudar com pictogramas).

Para os membros superiores

PASSEAR SEM ARNÊS:

O objetivo é que o RI passeie ao lado do cão, apoiando-se ou pegando no corpo do cão. O ideal seria que eles se deslocassem lado a lado até um lugar que seja agradável para os dois (por exemplo, o cantinho das bolas).

Cabeça e tronco

APANHAR AS MOLAS COLORIDAS:

O objetivo do jogo é que o RI coloque molas (da roupa) coloridas sobre o corpo do cão. O RI movimenta-se pela sala ao lado do cão e deve procurar a mola da cor que o PI lhe indicou. Quando já a tenha recolhido – apoiando-se no cão e inclinando o seu corpo ou fletindo os joelhos – deve coloca-la na parte do corpo indicada pelo TIA.

PERCURSO DE CARÍCIAS:

O objetivo da atividade é que o RI consiga acariciar o lombo do cão da cabeça até ao rabo e vice-versa. O RI vai-se deslocando pelo espaço ao lado do cão até que, perante uma indicação do TIA, o cão pára. O RI apoia-se sobre o cão e deve acariciar, apenas com uma mão, o lombo do cão na direção que o PI lhe indique, inclinando o corpo e a cabeça.

Capítulo 2

PCC Com o usuário sentado numa cadeira

Se o usuário ou RI vai realizar a sessão sentado na sua cadeira de rodas (ou outra cadeira) podemos utilizar uma série de Posições Caninas CTAC (PCC) mantidas ao longo do tempo que oferecerão um espaço controlado para que o RI possa interatuar corretamente com o cão. A principal diferença entre as várias posições radica na proximidade entre o CM e o RI.

Desta forma, se existe um contacto entre os dois, teremos as seguintes PCC e os correspondentes exercícios:

PCC. 4- CM alinhado com o RI e apoiado no descanso dos pés
PCC. 5- CM alinhado com o RI e apoiado no assento
PCC. 6- CM perpendicular ao RI e apoiado no repouso dos braços
PCC. 7- CM perpendicular ao RI e apoiado na coxa do RI
PCC. 8- CM no colo do RI

Se, pelo contrário, o CM não se apoia em nenhum momento no RI e este deve efetuar um deslocamento para o poder tocar, teremos as seguintes PCC:

PCC. 9- CM perpendicular à distância do RI
PCC. 10- CM paralelo à distância do RI
PCC. 11- CM em braços à distância do RI

Desta forma, as possibilidades de interação entre ambos variam se, à parte do uso da cadeira do RI, podemos incorporar na sessão algum elemento externo, como uma mesa ou uma bandeja, tal como veremos mais à frente.

Benefícios gerais

- Controlo cefálico
- Controlo do tronco para tentar aproximar-se ao cão
- Trabalhar olhar para baixo
- Favorecer o movimento dos membros inferiores: flexão/extensão
- Favorecer o movimento dos membros superiores: flexão/extensão e pronação/supinação
- Estimulação táctil: abertura das mãos
- Controlo da preensão
- Estimulação olfativa

PCC. 4

CM alinhado com o RI e apoiado no descanso dos pés da cadeira

Descrição básica

Nesta PCC o RI encontra-se sentado numa cadeira de rodas. O CM encontra-se alinhado com ele e apoia-se no descanso dos pés para facilitar a interação entre ambos.

Objetivo da PCC

Motivado pela presença e pelo contato visual com o cão, o RI deve endireitar o tronco e a cabeça, incrementando assim o tónus muscular dorsal e cervical.

Posicionamento e funções da equipa

Posição e função do cão

O cão mantém-se em posição quadrupede em frente ao usuário. Perante a ordem "descanso dos pés" ou por manipulação direta, este deve colocar e manter as suas patas dianteiras sobre o descanso dos pés da cadeira de rodas, enquanto as suas patas traseiras descansam firmemente no chão da sala. O cão deve ocupar a zona abdominal do RI com a parte anterior do seu corpo e nunca deve sair do campo de visão do RI.

Desta forma, o espaço entre eles é encurtado. A presença, o olhar e o bafo do cão motivarão o RI a estabelecer contato visual com o animal. Este deve manter a posição impassível durante o tempo requerido pelo usuário, de modo a estabelecer contacto e a motivar uma relação com ele.

Posição e função do TIA

O TIA posicionará o cão em pé à frente do usuário; de seguida, perante a ordem "descanso dos pés", deve assegurar-se de que o cão coloca as patas dianteiras no descanso dos pés da cadeira de rodas e controlar que as patas do cão não incomodem ou magoem os pés do RI.

Uma vez que o TIA se assegura que a posição do cão é estável e adequada e o PI certifica que a posição é correta perante o RI, o TIA coloca-se no lado oposto ao PI, perpendicularmente à linha imaginária formada entre o RI e o cão e à altura da parte anterior deste – tudo isto com a finalidade de vigiar e dirigir a interação entre o cão e o RI. Deve evitar que se produzam lambidelas espontâneas, dirigindo o olhar e a cabeça do cão para alcançar os objetivos terapêuticos previamente planeados: contacto visual, saudação com a mão aberta, alongamento dos membros superiores, etc.

O TIA verbalizará os sentimentos do cão para que o RI se sinta motivado para o continuar a tocar, a olhar e a entregar-lhe prémios; deve animar o RI a interatuar com o cão (que se mantém quieto) mediante os movimentos terapêuticos propostos e dirigidos pelo PI.

Os beijos e lambidelas caninos são uma fonte de estimulação sensorial, uma expressão de doçura e submissão e uma forma incrível de chamar a atenção do RI. Utilizamos a ordem "lamber" para que o cão – que se encontra são e corretamente desparasitado – lamba. O cão de terapia nunca deve lamber de forma espontânea e nunca deve lamber a zona oral e/ou nasal do RI.

Posição e função do PI

O PI deve explicar ao RI todos os procedimentos relativos a esta atividade e situar-se no local mais apropriado, dependendo do caso. Por exemplo, atrás do RI ou no lado terapêutico mais oportuno para trabalhar: dirigirá o braço do RI e facilitará a abertura da mão, cruzando a linha média do corpo do RI para tocar no lado oposto da cabeça do cão; ajudará o RI a manter a cabeça erguida enquanto ele olha para o cão, etc.

Em função das capacidades e objetivos terapêuticos do RI, o PI marcará o tempo e o ritmo da interação, comunicando as suas necessidades ao TIA de forma verbal ou não verbal para que este mantenha ou retire o cão.

É muito importante, dada a proximidade e intimidade existentes entre o RI e o cão, que o PI confie plenamente nas capacidades, atitudes e no profissionalismo da unidade de intervenção (UI). A confiança entre todos os membros da equipa é fundamental para que as PCC se desenvolvam de forma equilibrada, harmónica e sincronizada.

Posição e função do RI

O RI estará sentado na sua cadeira de rodas em frente ao cão. Deve esperar tranquilamente que o cão realize as ações que o TIA lhe indique, as ações que o PI lhe descreverá para que possam interatuar de forma conjunta.

Exercícios práticos

Uma vez que a postura seja correta, inicia-se a atividade previamente planeada. Esta deve ser explicada claramente ao RI, isto é, a atividade não deve realizar-se de forma mecânica. Tudo o que proponhamos ao RI para realizar com o cão deve ter um sentido e um significado para ele.

Para os membros inferiores

APROXIMA-TE MAIS E MAIS, MUITO MAIS

O objetivo da atividade é que o cão suba ao descanso dos pés da cadeira do usuário para que este lhe entregue um prémio, lhe dê uma super carícia ou para que o usuário receba um beijo canino na orelha. O TIA posicionará o cão na posição de "quieto" e a uma certa distância do RI. Cada vez que o RI mexa a perna ou o pé, seguindo as ordens terapêuticas do PI, o cão deve avançar sob o olhar atento do RI (e as ordens gestuais do TIA) aproximando-se a ele, até que finalmente suba ao descanso dos pés para obter ou entregar o seu prémio.

Para a estimulação cognitiva ou sensorial

ONDE É QUE ESTÁ O MEU PRÉMIO?

O objetivo da atividade é que o cão fareje suavemente as bochechas, o pescoço e os pavilhões auditivos do RI à procura de um prémio escondido. Para isso, o TIA terá um prémio entre os seus dedos indicador e polegar que situará sobre o RI. Perante a ordem "prémio", este convida o cão a procurá-lo enquanto fareja e estimula algumas zona do rostro do RI, favorecendo o controlo da cabeça e a sua estimulação sensorial.

Por fim, o cão consegue o prémio e deixa de farejar.

Para os membros superiores

CARÍCIAS

O objetivo é que o RI acaricie, de forma mais ou menos controlada, a cabeça do cão, com ou sem a ajuda do TIA. Para isso, deverá dirigir os membros superiores à cabeça do cão, que espera tranquilamente que a ação se desenvolva. Cada vez que o faça com êxito, o cão lambe-lhe as mãos (perante um comando ou colocando um prémio nelas) e, se possível, a criança deverá realizar um movimento de supinação.

Cabeça e tronco

ADESIVOS COMO SE FOSSEM UM CHAPEU

O objetivo do jogo é cobrir a cabeça do cão com adesivos de várias cores. O cão, em cima do descanso dos pés, deve esperar que o RI, com ou sem ajuda, coloque um adesivo na sua cabeça. Para felicitar o cão pelo seu bom comportamento, o RI deverá entregar-lhe um prémio que o PI terá na sua mão (situando-o a uma certa distância e altura do RI, para aumentar ou diminuir a dificuldade). Assim, quando o PI considere que o RI ergueu a cabeça e olhou para o prémio de forma correta, este será entregue ao RI para que o possa dar ao cão de terapia.

VEM COMIGO

O TIA deve posicionar o cão a uma certa distância do RI na posição de "quieto". Este estará seguro por uma trela comprida cujo extremo estará apoiado no descanso dos pés da cadeira. O RI deve apanhar a trela (flexionando o seu tronco) e, com a ajuda do TIA, ir puxando o cão, pouco a pouco, até que este chegue ao descanso dos pés.

PCC.5
CM alinhado com o RI e apoiado no assento

Descrição básica

Para realizar esta postura, devemos situar o cão de frente para o usuário, alinhado com a cadeira de rodas e com as patas dianteiras descansando no assento, entre a parte exterior das coxas do RI e a proteção lateral da cadeira, enquanto as patas traseiras descansam firmemente no chão da sala. O cão, com a ajuda do TIA, deverá manter essa posição durante o tempo requerido e procurar manter contacto visual com o RI continuamente.

Objetivo da PCC

Motivado pela presença e pelo contato visual com o cão, o RI deve endireitar o tronco e a cabeça, incrementando assim o tónus muscular dorsal e cervical.

Posicionamento e funções da equipa

Posição e função do cão

O cão deve manter-se em posição quadrupede de frente para o usuário e situar as patas dianteiras no espaço existente entre a parte exterior das coxas do RI e a proteção lateral da cadeira, de modo a diminuir a distância entre os dois. Se se trata de um cão de proporções médias, com pouco peso ou se existe um objetivo terapêutico específico de propriocepção, o TIA poderá apoiar suavemente as patas dianteiras sobre as coxas do RI.

Perante esta postura, a parte anterior do cão ocupará a zona abdominal do RI para facilitar a interação entre ambos. O cão deve manter-se impassível nesta posição durante o tempo requerido pelo usuário para estabelecer um bom contacto entre ambos.

Posição e função do TIA

O TIA situará o cão de pé e em frente ao usuário. De seguida, pousará suavemente as patas dianteiras do cão sobre o assento, assegurando-se de que estas não roçam nas coxas do RI.

Quando a posição do cão seja estável e adequada e o PI esteja de acordo com a postura, o TIA coloca-se no lado oposto ao PI e perpendicularmente à linha formada entre o RI e o cão, perto da parte anterior do animal, com a finalidade de vigiar e dirigir a interação entre o RI e o cão manta.

Deve evitar que se produzam lambidelas espontâneas e dirigirá o olhar e a cabeça do cão para a frente de modo a alcançar os objetivos terapêuticos previamente planeados: contacto visual, saudação com a mão aberta, alongamento dos membros superiores, etc.

O TIA poderá distrair o RI contando-lhe curiosidades, sentimentos ou desejos do cão enquanto o PI realiza alguma manobra terapêutica que possa ser desagradável para ele. No entanto, em geral, o TIA deverá manter-se calado de modo a não incomodar o trabalho e a relação do RI com o PI.

Posicionamento e função do PI

O PI deve situar-se no local mais apropriado segundo cada caso clínico para poder realizar o seu trabalho terapêutico. Se a cadeira permite que ele chegue a ambos os membros superiores com facilidade, este deve posicionar-se atrás do RI para facilitar o manejo; se por outro lado, a cadeira é demasiado alta, este deverá situar-se lateralmente em relação ao membro que se exercitará.

De seguida, apresenta a UI e descreve as atividades que vão ser desenvolvidas.

Este deve marcar o tempo da intervenção em função das capacidades e dos objetivos terapêuticos do RI, assim como eleger, entre as atividades propostas pelo TIA, quais são as mais apropriadas para realizar em cada momento.

Posição do RI

O RI estará sentado numa cadeira de rodas, numa cadeira convencional ou num sofá e deve esperar tranquilamente que o cão se aproxime a ele para que depois possa interatuar.

Exercícios práticos

Para os membros inferiores

UM, DOIS, TRÊS!

O objetivo da atividade é que o cão se aproxime suficientemente ao RI para que o TIA lhe possa colocar as patas dianteiras na cadeira ou no colo do RI. O RI deve marcar o passo dando patadas no chão: a cada patada ou movimento das pernas do usuário corresponderá um passo em frente do cão. O TIA dará as ordens gestuais para que o cão avance quando corresponda.

A RAMPA

O cão deve situar-se em frente ao RI que, com a ajuda necessária, colocará os membros inferiores esticados em forma de rampa para que o cão (preferencialmente pequeno), mediante a manipulação do TIA, possa subir até chegar ao seu regaço. A atividade criará um forte estímulo somático nas pernas do RI.

Para a estimulação cognitiva ou sensorial

UM PRÉMIO POR RESPOSTA

O objetivo é que o RI entregue tantos prémios ao cão como respostas corretas que tenha dado ao PI. O TIA coloca-se num dos lados do cão de terapia, a uma certa distância do RI. O TIA conta uma história sobre cães ao RI e, quando já tenha terminado, o PI fará perguntas sobre ela ao RI. A cada resposta correta o cão e o TIA darão um passo em frente e o RI receberá um prémio que poderá dar ao cão manta mais tarde. Quando o RI tenha respondido a todas a perguntas, o cão (com a ajuda do seu TIA) colocará as suas patas na cadeira para que o RI lhe dê todos os prémios que ganhou.

Para os membros superiores

ABRAÇOS:

O objetivo é que o RI abrace o pescoço do cão, repousando a sua cabeça sobre ele. O RI deverá orientar a sua cabeça e elevar os membros superiores, enquanto o cão se aproxima ao RI para que ele o abrace.

QUE BONITO!:

O objetivo centra-se em pentear o cão sentado no seu colo. Quando penteie o lombo com uma escova, deve realizá-lo com um movimento de pronação do antebraço; em contraste, quando o penteie no queixo e na barriga com uma luva, deverá realiza-lo com um movimento de supinação do antebraço.

Cabeça e tronco

UM COLAR PARA O MEU CÃO:

O objetivo do jogo é colocar um colar de peças de várias cores – que o RI tenha feito previamente – ao cão. O cão, com as patas dianteiras apoiadas sobre o assento, esperará que o RI lhe passe o colar colorido pela cabeça. Quando o tenha conseguido, o cão esticará o pescoço e levantará a cabeça (através da técnica de luring) para que o RI endireite o tronco e a cabeça e veja que bonito está o cão manta graças à sua ajuda.

PCC. 6
CM perpendicular ao RI e apoiado no repouso dos braços da cadeira

Descrição básica

O cão deve situar-se num dos lados do RI e apoiar as patas traseiras ou os quartos traseiros no chão e as dianteiras no repousa braços da cadeira de rodas.

Objetivo da PCC

A interação lateral do RI com o cão, através da rotação da cabeça ou do tronco, assim como o trabalho dos membros superiores.

Posicionamento e funções da equipa

Posição e função do cão

O cão, situado na parte lateral da cadeira de rodas, deve esperar que o TIA eleve as suas patas dianteiras e as apoie no repousa braços da cadeira. Deverá manter as patas traseiras bem assentes no chão e a sua cabeça perto do peito do usuário, de modo a facilitar o apoio do membro superior do RI na nuca do cão e o alongamento do mesmo até ao lombo do cão.

O cão manta, sob o controlo do TIA, deve aproximar-se da zona lateral da cabeça do usuário de forma a estimular sensorialmente o pescoço e os pavilhões auditivos do RI.

Posição e função do TIA

O TIA, depois de posicionar o cão, situa-se atrás dele, em contacto com o seu lombo e atento a sinais que indiquem cansaço – caso isto aconteça o cão apoiará o seu peito sobre as mãos do TIA e as patas posteriores entre os seus pés. Por este motivo o TIA deverá ter as mãos e os braços perto das patas anteriores do cão para que estas não invadam o RI nem abandonem a postura sem uma ordem prévia por parte do TIA.

O TIA alinhará a cabeça do cão e permitirá, por exemplo, que o cão, com o seu focinho, eleve o braço do RI e com um movimento ascendente coloque a mão do RI sobre a cabeça do cão; ou que fareje o pavilhão auditivo do RI à procura de prémios dentro dele.

Se o TIA segura bem no corpo do cão poderá manipular uma das suas patas de modo a interatuar com o RI.

Posição e função do PI

O PI situa-se no lado contrário da cadeira relativamente ao TIA, colocando o seu braço atrás das costas do RI, de modo a facilitar-lhe os movimentos.

Posição do RI

Normalmente este tipo de PCC utiliza-se para as pessoas com mobilidade reduzida a nível do tronco e membros superiores. Desejamos que interatuem a partir da sua cadeira com um cão de grande porte e que consigam uma grande proximidade relativamente ao mesmo. Realizando a aproximação de forma lateral e à altura do apoio dos braços da cadeira conseguimos uma grande proximidade sem que o peso do cão recaia sobre o RI.

Exercícios práticos

Para os membros inferiores

Nesta PCC não se sugere nenhum exercício para trabalhar os membros inferiores do RI. Com as patas dianteiras do cão no apoio dos braços da cadeira de rodas é pouco provável que o cão possa interatuar com os membros inferiores do usuário.

Para a estimulação cognitiva ou sensorial

PRÉMIOS DOCES ESCONDIDOS:

Com o objetivo de trabalhar a rotação lateral da cabeça e a estimulação sensorial do RI, cada vez que ele dirija o seu olhar na direção do PI, este dará um prémio ao TIA para que o esconda no corpo do RI. O cão deve encontrá-lo para o poder comer. O TIA segura no prémio com os dedos polegar e indicador e coloca-o sobre alguma parte da zona lateral do corpo do RI: no braço, no ombro, no pescoço, na bochecha, na orelha, na cabeça; exerce pressão para que o cão cheire e lamba com insistência naquela zona, para finalmente conseguir o prémio. Também o poderá obter com a aprovação verbal do usuário.

Para os membros superiores

DÁ-ME UMA CARÍCIA:

De uma forma surpreendente para o RI, dirigido pelo TIA, o cão colocará o seu focinho por baixo do antebraço do RI e, com o supervisionamento do PI, o cão efetuará um movimento rápido de ascenso que colocará a mão do RI sobre a sua cabeça. Nesse momento, o TIA dirá ao RI o quão bem se sente o cão com ele e como gosta que ele o acaricie, para o estimular a acariciar a cabeça ou a nuca do cão com carinho. O PI deve controlar que o braço do RI não deslize sobre o corpo do cão e que efetue os movimentos de forma correta.

Cabeça e tronco

CABEÇA DO CÃO:

O cão deverá inclinar-se sobre o RI, apoiando as patas e o tórax no repouso dos braços da cadeira e manter esta posição durante o tempo estipulado entre o PI e o TIA. Esta PCC estimulará o RI a manter o tronco reto e erguido. O PI deverá pedir-lhe que descanse a sua cabeça sobre a cabeça do cão e, de seguida, que a volte a levantar.

O cão deverá manter a cabeça imóvel para não impactar na do RI. O TIA, posicionado atrás do cão, sustentará com o seu corpo o corpo dele, apoiando os cotovelos perto das suas patas dianteiras, e colocará as mãos debaixo do maxilar inferior do cão para que este apoie nelas o peso da sua cabeça (e o peso da cabeça do RI).

PCC. 7
CM perpendicular ao RI e apoiado na sua coxa

Descrição da PCC

O cão situar-se-á num dos lados do RI, apoiando as suas patas traseiras no chão e as dianteiras na coxa do RI.

Objetivo da PCC

Interagir lateralmente com o cão, através da rotação da cabeça, trabalhar os membros superiores e a propriocepção dos membros inferiores. Além disto, trabalharemos também o espaço existente abaixo do campo visual do usuário.

Posicionamento e funções da equipa

Posição e função do cão

Quando o cão já está colocado perpendicularmente à parte lateral da cadeira de rodas na posição "quieto", deve esperar que o TIA lhe eleve as patas dianteiras e as deposite suavemente sobre a coxa do RI, enquanto as suas patas traseiras (se o cão é de porte mediano) ou os seus quartos traseiros (se o cão é de grande porte) descansam de forma estável no chão, durante o tempo necessário e requerido pelo TIA e o PI. A cabeça poderá estar dirigida para cima, procurando manter contacto visual com o RI, ou repousando na coxa do RI, enquanto recebe as suas carícias.

Posição e função do TIA

O TIA, depois de posicionar o cão, deve situar-se ao seu lado para poder colocar uma das pernas em contacto direto com o lombo do cão e, desta forma, proporcionar-lhe um suporte estável. Ao mesmo tempo, este poderá controlar as patas e a direção da cabeça do cão com as mãos perante as ordens "olha" ou "head down".

Posição e função do PI

O PI adotará a sua posição em função das capacidades do RI e dos objetivos planeados. Normalmente, a unidade de intervenção (UI: TIA e o cão manta) e o PI posicionam-se em lados opostos relativamente ao RI.

Posição e função do RI

Este tipo de PCC normalmente é utilizado para pessoas que se deslocam numa cadeira de rodas mas possuem uma mobilidade e controlo dos membros superiores e tronco relativamente boa. Esta PCC facilita a comunicação afetiva e a relação emocional entre o RI e o cão pela proximidade entre os dois, sem interferências de terceiros.

Exercícios práticos

Para os membros inferiores

O PRÉMIO DA PONTE

O RI poderá entregar ao cão uma guloseima cada vez que este ponha as patas na sua coxa, mas antes deverá elevar as suas pernas para que o cão passe por baixo. Situaremos o cão na posição de "quieto" e no lado oposto ao lado do membro inferior ao qual o cão vai subir. Com a ajuda e a motivação da equipa, o RI deverá elevar as pernas para que o cão-manta ponha as patas dianteiras na coxa do RI, à procura do seu prémio.

CAMINHINHO DA MINHA PERNA

O RI deve realizar um pequeno movimento com uma das suas pernas para que o cão, ajudado pelo TIA, inicie uma "subida pela perna", passo a passo, até chegar à coxa.

Para a estimulação cognitiva ou sensorial

TOCA, TRAZ E SOBE:

O PI colocará algum objeto que se possa segurar sozinho e que faça ruído ao cair d a coxa do RI para o chão: um saquinho de areia, uma bola mole, etc. O RI deverá atirar o objeto para o chão, com ou sem a ajuda do PI. Se o objeto cai muito perto da cadeira, discretamente o TIA lança-o para mais longe com os pés para que o cão o vaia buscar e o entregue novamente ao RI, apoiando as patas dianteiras sobre a coxa e elevando a sua cara até ao RI.

ONDE VOU?

Com o cão sobre a coxa do RI, o PI oferecerá uns pictogramas para que o RI escolha onde é que quer que o cão se esconda (atrás da cadeira, em cima do banco,...). O RI, com uma grande carícia, "ordenará" ao cão onde é que deve ir. Se o realiza de forma correta, quando volte, merecerá um prémio.

Para os membros superiores

PÕE-ME BONITO!

Pediremos ao RI que nos ajude a tirar aparas de madeira que o cão tem na sua cabeça. Para que isto aconteça, o cão colocará a sua cabeça sobre a coxa do RI e, pacientemente, esperará a que, entre mimos, o RI lhe limpe a cabeça.

COROA DE CORES

Ajudaremos o RI a decorar o cão com molas da roupa de várias cores enganchando-as ao pelo do cão, sempre sob o supervisionamento ou com ajuda o TIA.

Cabeça e tronco

ONDE É QUE ESTOU?

O TIA passeará com o cão pela sala, dentro do campo de visão do RI. Quando o cão se detenha, o RI deverá encontrá-lo e estabelecer contacto visual com ele. Cada vez que isto aconteça, o cão trepará até ao colo do RI e esperará que ele o acaricie e lhe dê um prémio.

PCC. 8
CM no colo do RI

Descrição da PCC

Nesta PCC, colocaremos um cão de pequeno porte no colo do RI, de forma que o peso do cão se reparta na superfície de apoio do RI.

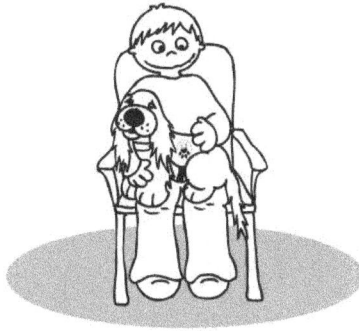

Objetivo da PCC

Oferecer ao usuário uma sensação de autonomia, independência e responsabilidade sobre o cão que se repercuta positivamente na autoestima do RI. Ao mesmo tempo, esta PCC favorece o trabalho e a estimulação de vários aspetos físicos do RI.

Posicionamento e funções da equipa

Posição e função do cão

O cão deverá permanecer sobre o regaço do RI na posição em que o TIA o tenha colocado, em função dos objetivos terapêuticos planeados previamente pelo PI que se desejem trabalhar. As posições mais frequentes nas quais podemos colocar o cão para que se mantenha sem nenhum apoio são: "sentado", "deitado", "lateral dorsal" ou "esfinge". Cada uma delas contribui para um tipo diferente de interação com o usuário.

Posição e função do TIA

Quando o cão já está colocado sobre o RI, o TIA deve posicionar-se a uma distância suficientemente grande para que o RI sinta que ele é responsável pelo cão mas, ao mesmo tempo, suficientemente perto para que possa supervisionar a situação.

Posição e função do PI

O PI comprovará que os pontos de pressão de apoio do cão sobre o usuário não causam efeitos indesejados no RI e que a posição do RI seja a correta. Depois, deve situar-se na melhor posição possível para que possa trabalhar com o RI.

Não obstante, esta PCC está pensada para que o RI interaja só com o cão: acariciando-o, repousando as suas mãos sobre o lombo do cão manta, sentindo o latido do seu coração, cuidando dele, etc.

Posição e função do RI

Bem sentado sobre a sua cadeira, cuidará do cão enquanto lhe dá mimos. O RI poderá apoiar os seus pés sobre uma superfície elevada (por exemplo, uma caixa) para facilitar a sustentação do cão sobre o seu regaço.

Exercícios práticos

Para os membros inferiores

QUE NÃO CAIA!

El PI invitará al RI a juntar los muslos para que el TIA pueda colocar el perro sobre su falda, en posición de esfinge y alineado con los muslos del RI que deberá mantenerlos juntos para que el perro no se caiga.
O PI convidará o RI a juntar as coxas para que o TIA possa colocar o cão no seu regaço, em posição de esfinge e alinhado com as suas coxas.

De joelhos e em frente ao RI, o TIA deve encorajar o RI dizendo-lhe o quão bem o faz e o quão confortável o cão está no seu regaço, ao mesmo tempo que vela pelo bem-estar do cão.

Para a estimulação cognitiva ou sensorial

AS PARTES DO CORPO

O TIA colocará o cão sentado no regaço do RI, em posição perpendicular a ele. O RI deve ir tocando nas várias partes do corpo do cão que o PI ou o TIA digam, enquanto o cão manta se mantém estável e na sua posição.

Para os membros superiores

CUIDA DELE DURANTE UM MOMENTO

Com a desculpa de ter que fazer alguma coisa, o TIA perguntará ao RI se pode cuidar do cão durante um momento, dando-lhe uma ordem clara: "Para que ele não saia do teu colo dá-lhe muitos mimos, que ele adora". O TIA, depois de dar ao cão a ordem de "quieto", distancia-se enquanto vai buscar alguma coisa. Quando volta, o TIA felicitará o RI pela grande ajuda que lhe deu e elogiando a forma como o fez.

Cabeça e tronco

VAMOS PASSEAR

O TIA colocará o cão sobre o regaço do RI, o qual vamos convidar para que saia a passear na cadeira com o cão dessa forma. Enquanto o PI empurra a cadeira, o RI deverá tomar as devidas precauções respeitantes à segurança do cão, segurando-o bem e observando-o.

PCC.9
CM perpendicular à distância do RI

Descrição da PCC

Neste caso situaremos o cão em frente ao RI e em várias posições, que podem ser: "esfinge", "deitado de lado" ou "barriguinha", mantendo uma distância maior ou menor segundo o grau de dificuldade que se queira dar ao exercício.

A técnica desta PCC é muito parecida ao exercício da PCC 8, apesar de existirem diferenças na sua utilidade terapêutica.

Objetivo da PCC

O objetivo desta PCC centra-se em que o RI interatue com o cão no espaço existente abaixo do seu campo de visão. Para que isto aconteça, o RI deverá conseguir manter um controlo postural mínimo.

Posicionamento e funções da equipa

Posição e função do cão

O cão, na posição de esfinge, deve esticar o seu corpo no chão entre os pés dianteiros da cadeira do RI e os joelhos do TIA. Durante a sessão deve deixar que o TIA o manipule, mantendo-se quieto e relaxado.

O TIA manipulará o cão desde a posição de esfinge a um "deitado dorsal" (deitado de lado, com o lombo em frente aos pés do RI e a cavidade torácica e abdominal protegida pelos joelhos do TIA) ou à posição de "barriguinha", com as patas relaxadas. Não obstante, não colocaremos o cão na posição de deitado ventral em nenhum momento para evitar qualquer incidência nas partes moles do cão.

Posição e função do TIA

O TIA deve colocar-se de cócoras em frente ao RI e do outro lado do corpo do cão. A sua função será controlar o cão continuamente, velando pelo seu bem-estar e o do RI. Deverá observar o RI e o cão, estar atento às indicações verbais e gestuais do PI e manipular o cão de modo a favorecer o trabalho (aproximando-o, afastando-o, rodando-o, etc.).

Se o cão manta se encontra na posição de esfinge, ambas as mãos do TIA estarão sobre o lombo do cão e poderá dirigir a cabeça do cão em direção aos membros inferiores ou superiores do RI.

Se o cão se encontra na posição de "deitado dorsal" o TIA oferece-lhe abrigo com os joelhos na sua cavidade interna e as suas mãos repousaram à altura da escápula e da pélvis para evitar incidências ou para manipular o cão de forma rápida.

Se a posição do cão é de "barriguinha", como o peso do cão repousa sobre a sua coluna, os joelhos do TIA servirão de cunha para lhe dar estabilidade. Neste caso é importante que o TIA controle que a zona interna do cão (abdómen e tórax) não sofra nenhuma incidência descontrolada.

Posição e função do PI

O PI deve controlar e guiar o tronco e os membros superiores do RI, colocando-se na zona lateral ou posterior do RI.

Posição e função do RI

O RI estará sentado numa cadeira convencional, com os membros inferiores bem apoiados no chão. Deverá interatuar com o cão – que se encontra em frente a ele – de forma livre ou seguindo as indicações do PI.

Exercícios práticos

Para os membros inferiores

PUM! CROQUETE

Colocaremos o cão em posição de esfinge. O TIA posiciona-se perto da cabeça do cão para o manipular e para controlar a velocidade da habilidade. Pedimos ao RI que coloque os seus pés sobre o lombo do cão e, cada vez que ele exerça pressão, o cão deverá deitar-se ou fazer o croquete para ele.

Para a estimulação cognitiva ou sensorial

OS RUÍDOS DO CÃO

Com o cão na posição da "barriguinha", daremos um estetoscópio ao RI para que oiça os ruídos do coração, da respiração ou dos movimentos internos do cão. Será necessário que o RI se balanceie sobre o cão até que o estetoscópio chegue à zona por auscultar.

BRINCAMOS COM CONFETTI

Com o cão em posição de esfinge, espalhamos sobre ele montinhos de confettis coloridos, ligeiramente separados. Pedimos ao RI que faça um movimento de flexão, aproximando-se ao cão o suficiente para que consiga soprar um dos montinhos de confettis, da cor que tivermos escolhido.

Para os membros superiores

TIRINHAS COLORIDAS

Com o cão na posição de "deitado dorsal" (de maior dificuldade) ou de "barriguinha" (de menor dificuldade), propomos ao RI que coloque tirinhas coloridas ou aros nas patas do cão. O TIA ajudará a endireitá-as enquanto o RI efetua a operação.

83

Cabeça e tronco

PROCURA E TOCA

O PI coloca-se em frente ao RI e mostra-lhe pictogramas de várias partes do corpo para que, depois de as observar, indique onde estas partes se encontram no corpo do cão. No caso em que o PI não se possa movimentar e frente ao RI, o TIA mostra-lhe os pictogramas à altura e na direção proposta pelo PI.

PCC. 10
CM paralelo à distância do RI

Descrição da PCC

Com o RI sentado numa cadeira, posicionaremos o cão perto dele e com o corpo o mais próximo possível do chão, com a finalidade de poder trabalhar o controlo postural do usuário enquanto este interatua com o cão.

Objetivo da PCC

O objetivo é que o RI descubra e trabalhe na parte inferior do seu campo de visão, ao mesmo tempo que exercita e fortalece o seu controlo postural enquanto interatua com o cão.

Posicionamento e funções da equipa

Posição e função do cão

Perante uma ordem do TIA, o cão deita-se no chão e coloca-se em posição de esfinge ao lado do RI, com o seu lombo na vertical relativamente ao membro superior do usuário. Quanto maior seja a distância de separação entre o RI e o cão, maior será o controlo postural que o RI terá que exercer para poder interatuar com o animal.

Há que ter em conta a direção do pelo do cão: se pedimos ao RI que acaricie o pelo na direção oposta ao nascimento ao pelo (a contrapelo), o grau de dificuldade será maior do que se o acariciasse no sentido do crescimento do pelo. É por esta razão que devemos ter em conta a direção na qual ordenamos ao cão que se deite. Este deverá manter-se quieto, apesar das carícias mais ou menos hábeis que receba do RI.

Posição e função do TIA

Quando o RI esteja bem posicionado e o PI esteja de acordo com aproximação, o TIA situará o cão paralelamente, seja na direção cefálica (com a cabeça do cão na vertical em relação à cabeça do RI) ou na direção caudal (com a garupa do cão na vertical da cabeça do usuário) e mantendo uma distância de segurança do lado terapêutico no qual se vai trabalhar.

Perante uma ordem o cão deita-se e o TIA, de cócoras, empurrará o lombo do cão de forma suave e com ambas as mãos simultaneamente para o aproximar até à distância que o PI considere terapeuticamente correta.

Também utilizará este movimento para colocar o cão de forma que a sua cabeça fique fora da linha vertical do membro superior do RI (para evitar que o cão receba carícias incómodas na sua cara).

A partir desta posição, qualquer mudança de direção ou posicionamento deve ser efetuada pelo TIA manipulando o cão diretamente:

- Se o PI deseja que o RI toque outra zona do lombo do cão, o TIA deslocará o cão para a frente ou para trás, firmemente e com ambas as mãos ao mesmo tempo, exercendo uma força homóloga.
- Se o PI deseja que o RI acaricie o lombo do cão a contrapelo, o TIA rotará o cão 180 garus; sempre do lado oposto ao RI.
- Se o PI deseja que a altura do lombo do cão seja diferente, o TIA manipulará o cão de forma suave para conseguir as posições de forma imediata e segura, abstendo-se de dar as ordens "deita-te", "barriguinha" ou "reverencia".

A razão para manipular o cão e não solicitar as habilidades uma vez que se iniciou uma PCC é conseguir prontidão no resultado, para que o PI e o RI possam continuar trabalhando sem ter que esperar que o cão se coloque novamente. Por outro lado, também garante uma recolocação segura para o RI e precisa para os objetivos terapêuticos.

O TIA colocar-se-á sempre de cócoras, à altura do lombo do cão, controlando continuamente a parte anterior ou a cabeça do cão. Ao mesmo tempo, deverá verbalizar as sensações positivas do cão, para motivar e incrementar a autoestima do RI.

Posição e função do PI

O PI deverá controlar e guiar o tronco e os membros superiores do RI para que este logre interatuar corretamente com o cão. Deve posicionar-se, preferencialmente, atrás do RI e um pouco lateral para que o possa observar e facilitar o movimento do tronco e dos membros superiores.

O PI indicará ao TIA a posição e a distância mais oportuna que o cão deverá assumir relativamente ao RI, segundo os objetivos previamente estabelecidos e a realização dos exercícios propostos.

Posição e função do RI

O RI estará sentado numa cadeira convencional, com os membros inferiores bem apoiados no chão. Deve interatuar com o cão de forma livre ou seguindo as indicações do PI. O cão manta estará posicionado no seu lado direito ou esquerdo.

Exercícios práticos

Para os membros inferiores

COMO UM DOCE FELPUDO

Convidaremos o RI a acariciar o lombo do cão com a planta dos pés na direção céfalocaudal e, posteriormente, na direção contrária. Para que tal aconteça, o cão deve posicionar-se em esfinge na parte anterior e lateral do RI. De seguida, o cão mudará de lado e o RI realizará o mesmo exercício com o outro membro inferior.

SALTAR COMO UMA RÃ!

Com o RI sentado na cadeira ao lado do cão (preferencialmente pequeno), vamos pedir-lhe que levante a perna que se encontra mais perto do cão e, com essa perna, "salte como uma rã" por cima dele. O PI poderá dar-lhe vários ritmos (lento, rápido, ao ritmo de uma música,...) segundo as capacidades do RI. Nesta atividade, o RI deve ter cuidado para não pisar o cão manta.

Para a estimulação cognitiva ou sensorial

BANHO DE ESPUMA

O objetivo é que o RI dê um banho ao cão com a espuma que o TIA lhe porá na mão. O PI indica ao RI de que forma deverá pegar na espuma: com um dedo, com a mão, em pouca ou em muita quantidade; e em que parte do corpo do cão é que a deve colocar: no lombo, na orelha, no rabo, na pata... Podemos aumentar o grau de dificuldade da atividade variando o lugar onde o TIA posicionará a mão e a zona na qual o RI deve dar banho ao cão.

DE CORES

Com a ajuda de espelhos coloridos posicionados à frente da criança, o PI deve pedir-lhe que agarre num de determinada cor e que se olhe ao espelho, primeiro o RI e depois o cão (aproximando o espelho à sua cara). Quem está mais bonito?

Para os membros superiores

BOLINHAS CRUZANDO A LINHA MÈDIA

O objetivo é que o RI dê comida ao cão utilizando vários utensílios. A particularidade deste exercício é que ele deve utilizar a mão oposta à localização do cão, isto é, se o cão está do lado esquerdo do RI, este deve dar-lhe comida com a mão direita.

Para lhe dar comida o RI deverá pegar na bola de ração, na colher ou no copo, cruzar a linha média do seu corpo e entregá-la ao cão que, pacientemente, esperará enquanto se mantém em posição de esfinge ao seu lado, com a cabeça à altura dos joelhos do RI.

Cabeça e tronco

BEIJOS

O objetivo desta atividade é que o RI dê beijos na cabeça do cão, enquanto ele se encontra na posição de esfinge ao seu lado. O RI, com a ajuda e o controlo do PI, deverá inclinar-se e fazer a rotação para aceder à cabeça do cão que, com a ajuda do TIA, será mantida ao nível dos joelhos do RI. A altura e a inclinação da cabeça poderão variar com a finalidade de facilitar ou dificultar a tarefa do RI.

PCC. 11
CM em braços à distância do RI

Descrição da PCC

Com o RI sentado na sua cadeira de rodas, o TIA aproximará o cão manta alinhadamente, em paralelo, ou perpendicularmente ao RI. O cão deverá permanecer estável e quieto durante toda a intervenção.

Objetivo da PCC

O objetivo é captar a atenção do RI através de uma aproximação controlada e à distância.

Posicionamento e funções da equipa

Posição e função do cão

Para esta PCC utilizaremos um cão de pequeno porte que, nos braços do TIA, atue como elemento motivador para o RI. Deverá ser um cão habituado a estar bem seguro nos braços, que não se mova perante possíveis ruídos, olhares ou contatos pouco habituais.

Posição e função do TIA

O TIA deverá segurar o cão nos seus braços e aproximá-lo suavemente ao RI. Deve colocar-se em frente ou de lado ao RI para realizar uma aproximação suave até ele e sem ultrapassar a sua linha de visão. O TIA verbalizará a aproximação de modo a motivar o usuário e deverá tentar realizar movimentos que não sejam invasivos para o RI.

Posição e função do PI

Este deve colocar-se no lado oposto ao TIA ou atrás do RI, ligeiramente lateral relativamente ao ele, para que desta forma possa aceder aos seus membros com a finalidade de o ajudar a controlar a interação com o cão.

Posição e função do RI

Deverá estar sentado e bem posicionado na sua cadeira de rodas.

Exercícios práticos

Para os membros inferiores

Nesta PCC não se contempla nenhum exercício para trabalhar os membros inferiores.

Para a estimulação cognitiva ou sensorial

CADA OLHAR UM BEIJO

O objetivo deste jogo consiste em estabelecer contacto visual entre o RI e o cão manta. O TIA colocará a cabeça do cão dentro do campo de visão do RI para que este olhe para ele e se produza um contacto visual prolongado. Cada vez que isto aconteça o cão vai oferecer ao RI um beijinho na bochecha, uma carícia com a pata ou comerá um prémio da palma da mão dele.

SUSSURROS

O objetivo do jogo é que o RI gire a sua cabeça na direção na qual o cão se encontra. O TIA colocará o focinho do cão manta perto ou tocando o pavilhão auditivo do RI, para que a sensação húmida do seu focinho estimule o RI a girar a sua cabeça.

Para os membros superiores

ENTREGA DE PRÉMIOS

O TIA segurará no cão a uma certa distância do RI, enquanto este, com ou sem ajuda do PI, lhe dá de comer realizando pinça com o dedo indicador e o polegar ou com algum elemento, como por exemplo uma colher ou uma pinça de madeira.

AROS PARA FAZER UM COLAR AO CÃO

Enquanto o TIA segura no cão manta à distância e altura previamente estabelecidos pelo PI, este oferecerá ao RI um aro colorido para que o agarre com as mãos e o coloque como se fosse um colar ao cão.

Cabeça e tronco

SEGUE-ME

O cão manta estará nos braços do TIA e colocado de frente para o usuário. O TIA elevará o cão no sentido vertical, desde as coxas do RI até ao seu peito, favorecendo o endireitamento do tronco e a elevação da cabeça no movimento por parte do RI de forma a seguir o movimento do cão.

Também se pode mover o cão da direita para a esquerda de modo a favorecer o contacto visual e o movimento da cabeça e do tronco.

Capítulo 3

PCC Com o usuário sentado numa cadeira e utilizando um suporte externo

Descrição básica

Antes de começar vou contar-vos uma pequeno episódio que demonstra que o que é evidente para uns é uma grande descoberta para outros.

Num workshop europeu de IAA, alguém pôs a questão de como poderíamos fazer para que uma pessoa sentada numa cadeira de rodas e com mobilidade reduzida pudesse pentear comodamente um cão de terapia.

Há muito tempo que trabalhávamos levando as IAA a pessoas afetadas com paralisia cerebral e tínhamos resolvido a questão da forma mais evidente: subindo o cão a uma mesa.

Por timidez, e pensando que de certeza que havia uma técnica mais complexa, não ousei levantar a mão. O longo e denso silêncio foi quebrado por uma voz que disse: "Por o cão sobre uma mesa". Acreditem que eu não fiquei surpreendida pela resposta, mas sim pelo murmúrio desconsertado e incrédulo da parte do resto dos participantes. Como é que íamos colocar um cão em cima de uma mesa? A doutora italiana deu a sugestão como válida e fundamentou o porquê da resposta.

Assim, este livro pretende facilitar as coisas para todos os profissionais que desejam levar os benefícios das IAA aos seus pacientes. De certeza que por mais complexa que a aproximação pareça haverá uma forma simples e prática de a levar a cabo.

Se o RI com o qual vamos trabalhar se encontra sentado numa cadeira de rodas e queremos que exista a máxima proximidade entre ele e o cão, podemos utilizar um suporte externo (uma mesa, uma bandeja) minimizando assim o espaço entre os dois, sem a necessidade de colocar o cão em cima do usuário e proporcionando uma estrutura estável para poder interagir ou trabalhar de forma cómoda.

Existem mesas especialmente desenhadas para que a cadeira de rodas possa aproximar-se ao máximo do seu tampo, salvaguardando o apoio dos braços da cadeira. Nesta situação o acoplamento ente a cadeira e a mesa será perfeito e não teremos nenhum problema em aproximar o cão ao RI.

No entanto, se não dispomos de uma destas mesas ao aproximar a cadeira o apoio dos braços travarão o avanço da cadeira, tocando no tampo da mesa. Se isto ocorre e queremos utilizar o espaço existente entre o tronco do RI e o tampo da mesa para aproximar mais o cão colocaremos uma superfície de madeira que se possa apoiar lateralmente no repouso dos braços e em cima da mesa.

Quando o RI já se encontre posicionado, teremos várias PCC em função de como posicionamos o cão manta sobre a mesa: alinhado ou perpendicularmente ao RI.

De seguida, descreveremos:

PCC. 12-CM alinhado com o RI em esfinge cefálica
PCC. 13-CM alinhado com o RI em esfinge caudal
PCC. 14-CM alinhado com o RI em decúbito supino cefálico
PCC. 15-CM alinhado com o RI com dois suportes externos
PCC. 16-CM perpendicular ao RI em decúbito lateral ventral
PCC. 17-CM perpendicular ao RI em decúbito lateral dorsal

Todas e cada uma destas PCC foram realizadas com grande êxito para todos os elementos da equipa.

Benefícios gerais

O facto de incorporar uma superfície de apoio nesta PCC permite

- Aproximar comodamente o cão ao RI
- Facilitar a interação entre o RI e o cão
- Que o cão adote uma posição relaxada
- Não apoiar o peso do cão sobre o RI
- Melhorar o controlo cefálico e o controlo do tronco do RI
- Uma melhor utilização dos membros superiores por parte do RI

PCC. 12
CM alinhado com o RI em esfinge cefálica

Descrição da PCC

Nesta PCC o cão e o RI estão situados de frente um para o outro, mas com uma certa distância.

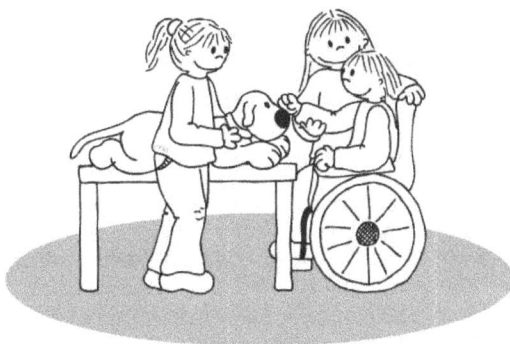

Objetivo da PCC

Facilitar a interação visual entre ambos, sem que o RI tenha que exercer um grande controlo sob o seu tronco ou a sua cabeça.

Posicionamento e funções da equipa

Posição e função do cão

Para poder iniciar a PCC colocaremos uma mesa estável com a parte mais estreita à frente da cadeira de rodas do RI (se possível, utilizar uma mesa em U cuja abertura permite à criança estar junto à mesa). Perante a ordem verbal ou gestual do TIA, o cão subirá à mesa de forma controlada, pelo extremo oposto ao que se encontra o RI.

Devemos estar cientes de que a subida do cão à mesa não deve sobressaltar o RI. Há várias formas de o fazer, segundo as caraterísticas do nosso cão: fazer com que ele suba por uma cadeira, lentamente e à ordem; subi-lo em braços; ou que já se encontre sobre a mesa quando o RI se aproxime.

Desde a parte mais afastada da mesa, o TIA ordenará ao cão que se deite, de forma a que este fique alinhado com o RI. Adaptando-se às caraterísticas do cão e da mesa, o TIA aproximará o animal arrastando-o ou dando-lhe a ordem de "rasteja", até que fique à distância que o PI considere oportuna.

O cão deverá manter-se quieto em posição de esfinge, de frente ao RI e interatuando com ele durante toda a PCC.

Posição e função do TIA

O TIA colocará o cão à frente do RI na posição de esfinge e deve posicionar-se num dos lados da mesa, oposto ao lado do PI, controlando a parte anterior do corpo do cão e facilitando a interação entre o cão e o RI em função da demanda do PI.

Por exemplo:

- Através de luring ou target ao dedo, guiará o olhar do cão para que estabeleça contacto visual com o RI.
- Facilitará que o cão sacuda a cabeça (SIM, NÃO) como resposta a uma ação do RI.
- Controlará que se estabeleça uma posse e entrega de objetos correta por parte do cão.
- Moverá o rabo do cão para estimular a visão ao longe do RI.

Desta forma, deve evitar que se produzam lambidelas, pois estas são muito impactantes no RI.

Nesta PCC, as partes média e posterior do cão ficam carentes de atenção; ainda assim, o TIA deve evitar que o cão as movimente à sua vontade.

Posição e função do PI

O PI, situado no lado oposto ao TIA ou atrás da cadeira do RI, facilitará o movimento dos membros superiores do RI de modo a alcançar os objetivos terapêuticos previamente estabelecidos.

Deverá ter a certeza que dispõe da cabeça do cão, das suas patas dianteiras e da sua habilidade de agarrar e dar objetos com absoluta tranquilidade. Assim, poderá variar os exercícios em função das necessidades do RI.

Posição e função do RI

Devemos comentar-lhe que este se aproximará a uma mesa na qual se poderá dar de comer e brincar com um cão.

Este, basicamente, realizará um trabalho com os membros superiores, o tronco e a cabeça, pois os seus membros inferiores estarão debaixo da mesa.

É muito importante ter continuamente presente que, apesar de sabermos que o nosso cão de terapia é um excelente cão manta e tem um carater formidável, as pessoas devem conhecê-lo primeiro, devem confiar e ter a certeza que está tudo controlado. Por isso, devemos saber transmitir a segurança que temos na nossa equipa, fazer uma aproximação lenta e conseguir uma posição segura que dê confiança ao RI.

Exercícios práticos

Para os membros inferiores

Esta PCC não contempla o trabalho dos membros inferiores.

Para a estimulação cognitiva ou sensorial

ENTREGA DE BOLAS

O PI colocará os vários objetos com os quais vamos trabalhar em vários locais do espaço, para que o RI os reúna e os observe. Também poderão estar dentro de um recipiente entre as patas do cão para que o RI os agarre e os entregue diretamente ao cão.

O cão manta, em posição de esfinge esperará pacientemente que o RI lhe entregue o objeto na boca ou, perante uma ordem do TIA, agarrará suavemente o objeto da mão do RI - tudo segundo as instruções que o PI tenha dado previamente.

Podemos aumentar a dificuldade do exercício colocando a bola ou o objeto que deverá ser entregue ao RI debaixo da pata do cão. Então, em função das capacidades do RI, quando este olhe para o objeto ou o agarre com as suas mãos, o cão pega nele com a boca. É importante a coordenação entre o TIA e o PI para que o cão realize o que foi acordado e é esperado pelo RI.

Para os membros superiores

RELAXAÇÃO DA MÃO

Este exercício está pensado para as sessões avançadas, nas quais toda a equipa tem experiencia e confiança no cão, nas suas habilidades e nas suas capacidades. Por outro lado, temos que ter em conta que nem todos os cães manta são aptos para o realizar e por este motivo devemos ser sumamente responsáveis quando o propormos.

O objetivo deste exercício é relaxar a mão espástica do RI. É similar à terapia com parafina, mas adiciona-lhe uma componente emocional e os seus resultados são rápidos e duradouros.

Colocaremos o cão na posição de esfinge e de frente ao RI. O TIA estará ao lado do cão, à altura da sua cabeça, com uma mão sobre a nuca do cão manta e a outra debaixo do maxilar inferior. Manterá os dedos polegar e indicador nas comissuras da boca para que em caso algum o cão a possa fechar minimamente.

Convidaremos o RI a por a mão dentro da boca do cão, para que experimente uma sensação nova. O cão deve estar muito habituado e relaxado perante a sensação de ter um objeto estranho dentro da sua boca e apenas realizará movimentos de deglutição com a língua

O PI acompanhará a mão espástica do RI até dentro da boca do cão e, passados uns segundos (devido à saliva, à temperatura, à componente emocional ou dos movimentos de deglutição do cão) este retirará a mão parcial ou totalmente relaxada.

QUENTINHO, QUENTINHO

A atividade tem como propósito melhorar o tónus muscular dos membros superiores espásticos ou extremamente parésicos (imóveis). Com o cão situado à frente do RI, o TIA e o PI colocarão um ou ambos os braços da criança debaixo do cão. Que quentinho! O peso, o calor e a propriocepção que o corpo do cão lhe proporcionará ajudarão a relaxar os braços do RI e a aumentar as suas sensações.

Depois de algum tempo, podemos retirá-los, falar com o RI das sensações sentidas e propor-lhe que toque (com os braços bem relaxados) na cabeça do cão.

Cabeça e tronco

COLAR DE PÉROLAS

Com o cão colocado de frente para o RI e na posição de esfinge, o TIA posicionará a cabeça do cão na posição de head down, à altura optimal para o RI. O jogo consiste em que o RI construía uma torre de aros de peluche sobre a cabeça do cão.

Para obter o aro, primeiro deverá olhar para ele e, se possível, agarrá-lo e pô-lo sobre os outros aros, com a ajuda necessária do PI e do TIA. No momento apropriado, combinado entre o PI e o TIA, o cão sacudirá a cabeça e a torre cairá.

O trabalho em equipa é importante tanto neste como em qualquer outro exercício, dado que nem nós nem os cães somos máquinas infalíveis. Qualquer contratempo, sempre que não ponha a integridade do RI em risco, com imaginação, boa vontade e alegria pode-se transformar num elemento enriquecedor e divertido para o RI.

Neste caso, se o cão mexe a cabeça antes do tempo, será como se ele tivesse vontade própria, como se quisesse opinar durante o jogo. Isto, pontualmente, pode enriquecer a sessão.

PCC. 13
CM alinhado com o RI em enfinge caudal

Descrição da PCC

Esta PCC é similar à representada no exercício 12 mas, neste caso, a parte posterior do cão é a que está mais perto do RI.

Objetivo da PCC

É que o RI disponha de uma superfície âmplia (a garupa e o lombo do cão) para acariciar com uma certa precisão. Esta é a principal diferença entre esta PCC e a PCC. 12, na qual o RI só pode acariciar a cabeça.

Posicionamento e funções da equipa

Posição e função do cão

O cão, em cima da mesa, deve colocar-se alinhado, de costas para o RI e relativamente perto dele. Deverá permanecer relaxado e quieto enquanto o RI lhe acaricia o rabo, a garupa e o lombo.

Durante uma sessão com um cão manta, passaremos de uma PCC para a outra manipulando o cão, sem a necessidade de o iniciar desde a posição de pé. Neste caso, passaríamos da PCC. 12 à PCC. 13, sustentando o cão pelo lombo de forma estável e girando-o 180 graus sobre si mesmo e na direção dos ponteiros do relógio.

Posição e função do TIA

O TIA colocar-se-á num dos lados da mesa aproximadamente à altura do tórax do cão. Desta forma poderá manter o cão manta quieto, controlar a sua cabeça e mobilizar o rabo na direção do RI, caso seja necessário.

Posição e função do PI

Como na PCC do exercício 12, o PI deve posicionar-se no lado oposto ao TIA, ajudando ou controlando o trabalho do RI.

Posição e função do RI

Sentado comodamente na cadeira de rodas, deve aproximar-se da mesa onde esperará que o cão se situe à sua frente. É importante que antes de iniciar a postura o RI possa saludar o cão de frente e que não iniciemos a PCC sem uma apresentação e um contacto visual prévios.

Exercícios práticos

Para os membros inferiores

Nesta PCC não se contemplam exercícios para trabalhar os membros inferiores de forma direta.

Para a estiulação cognitiva ou sensorial

TRELAS DOGGY WALKING CTAC

O objetivo do jogo é colocar uma trela ao cão para ir passear. A dificuldade da atividade reside no fato da trela estar separada em pequenos segmentos e, para poder passear o cão, o RI deverá junta-los.

Engancharemos a parte do mosquetão à coleira do cão manta. As restantes partes serão colocadas debaixo do corpo do cão ou ficarão em poder do PI. O RI reunirá as várias partes e, finalmente, baixaremos o cão da mesa para que dê uma volta com o RI.

Podemos aumentar a complexidade do exercício colocando duas ou mais trelas na mesma coleira. Assim, o RI deduzirá qual é o encaixe correspondente a cada pedaço da trela.

Para os membros superiores

UMA BOA ESCOVAGEM

Proporemos ao RI que escove o cão realizando longos percursos desde a cabeça até à garupa do cão, utilizando ambas as mãos.

LENÇOS COLORIDOS

O TIA colocará um grande lenço debaixo do corpo do cão, passando por dentro da coleira e à volta de uma parte do corpo do cão manta (pescoço, pata, etc.). Pediremos ao RI que estique o lenço para que o possa remover, com ou sem ajuda do TIA e do PI.

Cabeça e tronco

EMPARELHAR IMAGENS

Disporemos de um objeto e de um pictograma ou uma fotografia com a imagem desse objeto: por exemplo, um pictograma de uma bola e a bola real. O PI mostrará ao RI uma das imagens e, de seguida, o RI deverá procurar o objeto no corpo do cão e agarrá-lo com as suas mãos.

PCC.14
CM alinhado com o RI em decúbito supino cefálico

Descrição da PCC

Nesta PCC o cão encontra-se deitado com a barriga para cima e com a parte posterior mais perto do RI.

Objetivo da PCC

Dispor de uma superfície pouco usual para interatuar com um cão, rica em estímulos sensoriais e com certas conotações emocionais (a barriga, o peito e as mamas — no caso de um cão manta fêmea).

Posicionamento e funções da equipa

Posição e função do cão

Frequentemente, quando observam a nossa equipa de cães de terapia, nos perguntam se são todas fêmeas e se elas são melhores para esta atividade, falam de instinto, etc. Nós respondemos que o mais importante não é o sexo ou a raça do cão, mas sim que o indivíduo tenha as aptidões e as atitudes que façam com que seja feliz enquanto realiza este trabalho ao lado do TIA.

Não obstante, é verdade que – durante as PCC – as fêmeas nos dão menos contratempos do que os machos simplesmente pela localização do aparelho genital numas e nos outros. Se a PCC deixa o aparelho genital masculino ao ar livre, este transforma-se num forte elemento de distração e também é difícil mantê-lo livre de secreções.

Ainda assim, se se dá o caso de serem proprietários de um cão manta e é um macho, obviamente continuam com um tesouro canino nas vossas mãos e hão de encontrar uma solução para que o aparelho genital proporcione o menor incómodo possível (um lenço é uma boa ideia) e procurarão velar pelo bem-estar do cão para que em nenhum momento, sem querer, o lesionem ou incomodem.

Pediremos ao cão que suba à mesa e que se deite de lado. Suavemente, devemos colocar o cão na posição da "barriguinha". Fazemos isto manipulando-o porque para muitos cães é stressante colocar-se na posição da "barriguinha" a uma certa altura do chão e perante uma ordem.

Teremos o cão deitado de barriga para cima sobre a mesa, com a parte traseira num extremo da mesa e a cabeça no extremo oposto. As patas posteriores do cão descansarão debaixo dos braços do RI e as dianteiras estarão para cima e relaxadas sobre o seu peito.

O cão deverá permanecer nesta posição de forma relaxada durante o tempo que a PCC dure.

Posição e função do TIA

Como podemos supor, o trabalho do TIA será relevante nesta PCC, pois este deverá velar tanto pelo bem-estar físico e psicológico do cão como pelo do RI. Depois de colocar o cão de barriga para cima, esperará que o PI aproxime o RI em direção à mesa e, posteriormente, o PI e o TIA trabalharão em conjunto para introduzir os pés do cão debaixo das axilas do RI. Desta forma, não existirá a possibilidade de que uma das patas magoe o rosto ou o pescoço do RI e este também beneficiará da força ascendente que as patas do cão farão.

O TIA, colocado num dos lados da mesa, deve situar-se perto da cabeça do cão ou, ainda melhor, em cima da mesa, posicionando-se de cócoras com a cabeça do cão entre os seus joelhos para poder controlar as patas dianteiras, o rosto do cão e que este não se deite de lado depois de algum tempo. Deverá estar atento continuamente à zona abdominal do cão para que não aconteça nenhum imprevisto.

Além de velar pelo bem-estar físico do cão e de manter a PCC, o TIA pode manipular a cabeça do cão deslocando o rostro do cão para cima (para que o RI lhe possa ver a cara) e movendo as patas dianteiras para premiar ou chamar a atenção do RI.

O TIA guiará o RI quando descubra texturas e sensações novas e poderá verbalizar os sentimentos do cão para motivar o RI.

Posição e função do PI

Deve posicionar-se num dos lados da mesa para guiar o RI na realização de um exercício. Nesta PCC, é importante que o PI tente que as patas traseiras do cão não saiam debaixo das axilas do RI, pois poderiam magoar o seu rosto. Ajudará, juntamente com o TIA, a vigiar a zona abdominal do cão para que este também não se magoe.

Posição e função do RI

Sentado comodamente na sua cadeira de rodas, este deve aproximar-se à zona caudal do cão, que estará deitado de barriga para cima. Executando uma extensão das mãos terá uma amplia superfície para acariciar, repleta de estímulos pouco conhecidos. Mais longe, estarão as patas dianteiras e o rostro do cão.

Exercícios práticos

Para os membros inferiores

Nesta PCC não se contemplam exercícios para o trabalho direto dos membros inferiores.

Para a estimulação cognitiva ou sensorial

SENTE A MINHA BARRIGA

O objetivo da atividade é que o RI acaricie o cão ou mantenha as mãos abertas sobre o abdómen dele. A temperatura elevada do abdómen e o vínculo afetivo com o animal são dois fatores que propiciam o êxito deste exercício.

Outra das zonas que estimula a abertura das mãos é a zona de união entre o tórax e a cavidade abdominal.

Para os membros superiores

O CAMINHO DOS CÃES

Colocaremos prémios na barriga do cão, espalhados aleatoriamente ou seguindo uma linha até ao peito. O RI deverá pegar neles e dá-los ao cão, na sua boca, enquanto o TIA ajuda o cão manta a aproximar a cabeça.

CAMINHO DE ESPUMA

Colocaremos espuma para cães sobre o abdómen do cão manta e vamos pedir ao RI que recorra a barriga do cão deixando caminhos na espuma.

Cabeça e tronco

PULSEIRAS COLORIDAS

O cão estará deitado de barriga para cima e o TIA de cócoras, com a cabeça do cão manta no seu colo, segurando com as suas mãos nas patas do cão pelos cotovelos. Motivaremos o RI a pôr pulseiras coloridas nas suas patas. Primeiro, o PI vai-lhe mostrar uma pulseira, que o RI deverá olhar e pegar, com ou sem ajuda do PI. De seguida, o TIA chamará a sua atenção movendo a pata do cão para que lhe coloque a pulseira.

PCC. 15
CM alinhado com o RI com dois suportes externos

Descrição da PCC

Nesta PCC o cão manta repousará apoiando uma parte do corpo no RI e outra no tampo de uma mesa.

Objetivo da PCC

Proporcionar ao RI uma superfície de trabalho espaçosa e inclinada assim como contacto com o cão e uma sensação de propriocepção (peso, calor, contacto) nos membros inferiores.

Posicionamento e funções da equipa

Posição e função do cão

Quando o cão já esteja colocado numa mesa ampla e firme, deverá deitar-se e observar atentamente o RI enquanto este – com ou sem ajuda – se aproxima da mesa pela parte mais estreita do seu tampo.

Com a cadeira de rodas travada, manipularemos o cão girando-o 180 graus em torno de si mesmo para ficar alinhado com o RI, com a cabeça na parte mais afastada e a garupa mais próxima a ele.

O cão – com a ajuda do TIA e sob a supervisão do PI – pousará os quartos traseiros no colo do RI ao mesmo tempo que seus os membros inferiores rodeiam os do RI e apoia as patas no assento da cadeira.

Quando esteja colocado e a sua postura seja aprovada pela equipa, o cão não se deverá mover. Se se movesse, seria necessário rever o seu posicionamento de modo a comprovar que não existe nenhum ponto de pressão que incida diretamente sobre as coxas do RI.

Posição e função do TIA

O TIA deverá manter o cão deitado e atento enquanto o RI se aproxima a ele. De seguida, são executadas várias manobras:

1. Girar o cão sobre o seu eixo vertical. Para isso, o TIA colocará uma mão à altura da escápula do cão e a outra no lado oposto, ao nível da pélvis, imprimindo uma rotação que facilite o movimento do cão.

2. Recolocar o cão na posição de esfinge sem que este se levante outra vez. O TIA deslizará o antebraço por baixo do abdómen do cão enquanto reposiciona a anca com a outra mão.

3. Colocar as patas do cão à volta do RI. O TIA susterá o corpo do cão no ar, verticalmente ao RI, levantando-o com o antebraço ao nível do abdómen. Entretanto, com a outra mão colocará os membros inferiores do cão sobre ambos os lados das coxas do RI e as patas bem apoiadas sobre a cadeira do RI.

4. Sentar o cão no colo do RI, sob a supervisão do PI. Quando as patas estejam bem colocadas, o TIA fará com que o cão descenda até ficar bem posicionado sobre as coxas do RI.

Quando a posição do cão seja a correta, o TIA pode ficar ao lado do cão de modo a facilitar a interação entre este e o RI, ou pode também colocar-se de cócoras sobre a mesa em frente ao animal, para imprimir um movimento vertical à cabeça do cão.

Desta forma, podem incluir-se alguns exercícios para envolver a parte anterior do cão na sessão. Por exemplo: sai uma bola da boca do cão que desliza em direção à garupa, desde a cabeça até que o RI a detenha.

Posição e função do PI

O PI deve colocar-se no lado do RI que seja mais oportuno para o trabalho terapêutico e, a partir desse momento, o TIA situar-se-á do lado oposto para proceder à colocação do cão sobre o RI. O PI deverá supervisionar a colocação do cão deslizando a sua mão por baixo dos quartos traseiros, para que não exista nenhum ponto de pressão sobre o RI.

Uma vez que a colocação do cão seja correta, o PI deve posicionar-se preferivelmente atrás do RI (se a cadeira o permite) de modo a facilitar o movimento dos membros superiores.

Esta PCC incentivará o RI a alongar os seus membros superiores para acariciar, escovar ou abraçar o corpo do cão, com ou sem ajuda do PI.

Posição e função do RI

O RI terá a possibilidade de manter o cão nas suas coxas e interatuar com ele enquanto este repousa tranquilamente sobre os seus membros inferiores.

Exercícios práticos

Para os membros inferiores

DEIXA-ME SENTAR NO TEU COLO

Pensado para os RI com movimentos discinéticos nos membros inferiores. Podemos dizer ao RI que existe a possibilidade de que o cão se sente no seu colo, mas que para isso ele deve estar o mais imóvel possível. Em cada momento que o RI se mantenha quieto apoiaremos o cão no seu colo. O calor, o tato e a pressão do cão ajudarão o RI a conseguir alcançar o seu objetivo.

Para a estimulação cognitiva ou sensorial

TIRA-ME OS AUTOCOLANTES

Poremos uma grande quantidade de autocolantes sobre o lombo do cão e pediremos ao RI que, com as suas mãos ou uma escova, os retire. Caso o RI apresente pouca mobilidade nos membros superiores, tentaremos a seguinte técnica: realizamos a extensão dos membros superiores do RI sobre o lombo do cão e colocamos as mãos do RI perto da cernelha. Perante a força da gravidade, as mãos terão tendência a deslizar sobre o lombo do cão e, assim, cada vez que elas passem pelos autocolantes será mais fácil que estes se despeguem.

Além de nos oferecer uma amplia superfície do lombo para poder interatuar, esta PCC também permitirá ao RI acariciar o cão em zonas pouco usuais de forma ativa e voluntária e, consequentemente, sentir texturas novas ou pouco conhecidas como, por exemplo, a parte de interior das coxas, o abdómen e as axilas.

ONDE É QUE O PONHO?

Ofereceremos diferentes bandoletes ao RI, grandes e vistosas, para que as coloque no cão. Antes de o fazer, este deverá dizer se as porá na cabeça (em cima), na garupa (em baixo) ou na pata (direita ou esquerda). Podemos ajudar com pictogramas.

Outra variante seria que o PI ou o TIA lhe propusessem: "Deves pôr a bandolete cor-de-rosa, em cima..."

Para os membros superiores

DECORA A MINHA COLEIRA

Antes de realizar este exercício devemos preparar:

1-Body canino, decorado com tiras de velcro. È uma peça de vestuário que se mantém imóvel no lombo do cão, que não desliza, sobre a qual cosemos umas tiras de velcro.

2- Coleira decorada com uma tira de velcro na parte externa.

Quando o body e a coleira já se encontram colocadas no cão e o cão na PCC correspondente, podemos colar figuras sobre o body com a ajuda do velcro. O RI deverá levar a mão até às figuras que se encontram coladas no lombo. Quando as tenha, deve levá-las até à coleira do cão e decorá-la com elas.

Cabeça e tronco

ABRAÇA-ME

Ajudaremos o RI a relaxar o tronco em cima do lombo do cão e incentivá-lo-emos a fazer a rotação da cabeça de um lado ao outro, sobre o lombo do cão. Cada vez que o faça corretamente daremos prémios ao RI para que depois os presenteie ao cão.

De seguida, vamos incentivar que se erga, repousando as costas no encosto da cadeira, e que observe como o TIA entrega os prémios que ganhou ao cão. O TIA colocará o prémio sobre a cabeça do cão e, quando o RI esteja a olhar para ele – dará a ordem para que o cão levante o focinho e coma o prémio.

PCC. 16
CM perpendicular ao RI em tombado ventral

Descrição da PCC

Nesta PCC, o cão coloca-se sobre a mesa deitado de lado.

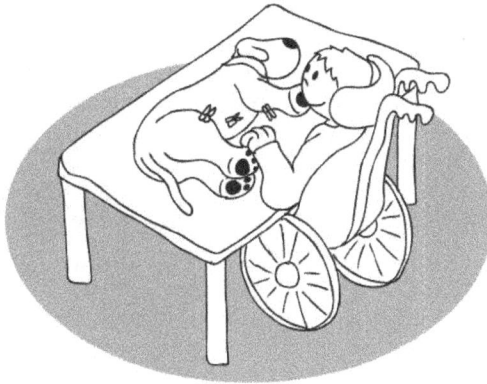

Objetivo da PCC

Criar um ambiente de trabalho no qual o RI se sinta abrigado pelo cão ao mesmo tempo que dispõe de um plano inclinado (escrivaninha canina) para poder trabalhar.

Posicionamento e funções da equipa

Posição e função do cão

Se o RI se encontra próximo à mesa de trabalho, o cão deve posicionar-se utilizando uma cadeira de modo a não sobressaltar o RI ou, se for preferível, o TIA também pode pegar nele e depositá-lo suavemente sobre a mesa, perpendicularmente ao RI. Depois, perante o comando gestual ou a manipulação direta do cão, este deverá sentar-se e depois deitar-se.

Esta PCC em decúbito lateral é caraterizada pelo facto de que o RI fica de frente ao abdómen e ao tórax do cão, enquanto os braços se posicionam no espaço compreendido entre as patas anteriores e posteriores do cão manta.

O cão deverá manter-se quieto e relaxado nesta posição durante todo o exercício, deixando-se manipular continuamente pelo TIA que, possivelmente, poderá realizar alguma das seguintes manobras:

1. Segurar na cabeça do cão com ambas as mãos, levantando-a e girando-a suavemente para que o RI lhe dê um prémio ou lhe veja a cara.
2. Mover as patas anteriores ou as posteriores para as aproximar ao RI e, assim, se estabeleça uma interação.
3. Mobilizar o rabo do cão para chamar a atenção do RI ou para o acariciar.

Uma das muitas vantagens desta PCC é a área e a superfície de trabalho que o cão oferece ao RI: um espaço cálido e vinculante, muitos sítios onde se podem esconder objetos que propiciam o desenvolvimento da atividade e, sobretudo, o plano inclinado da parte lateral do corpo do cão, repleto de estímulos e possibilidades.

Esta PCC não é stressante nem intimidante para o cão, e oferece uma grande interação entre o cão e o RI, pelo que é uma PCC facilmente aceite para iniciar as sessões de IAA.

Posição e função do TIA

Existem duas localizações possíveis para o TIA. A mais frequente é que se coloque em frente ao RI, no lado oposto da mesa, com as duas mãos sobre o lombo do cão. No entanto, se o PI ocupa esse sítio, o TIA estará ao lado do RI, junto à cabeça do cão.

A função do TIA é tentar que o cão esteja em boas condições físicas e psicológicas. O TIA deverá estar continuamente atento e prever possíveis interações inadequadas do RI com o cão, devido ao seu quadro clínico.

Isto não significa criar uma barreira entre o RI e o cão para evitar a interação ou sobreproteger o cão com alarmismo; significa que o TIA deverá antecipar-se a qualquer situação que possa afetar o cão negativamente, para poder intervir a tempo e evitar que o animal a seja alvo desta de forma direta.

Este é um assunto complexo, pelo que vamos parar durante um momento para clarificar os seus vários aspetos.

Por um lado, o TIA é, continuamente, o responsável do bem-estar físico e psicológico do animal, da integridade e da felicidade do seu companheiro de trabalho, do seu cão. É dele que depende que o cão manta possa continuar a realizar um trabalho incrível e beneficiar muitos RI.

Se não lhe presta a devida atenção ou não vela pela sua segurança, o cão entrará num processo de stress negativo e não será capaz de realizar a sua tarefa com o temperamento necessário – o que repercutirá negativamente com o ambiente de trabalho e a segurança da sessão. Por este motivo, não estarão reunidas as condições adequadas para seguir com as sessões de PCC com esse cão, sendo o TIA responsável por esta situação.

Por outro lado, se o TIA é demasiado protetor com o seu cão, se não tem confiança no manejo ou não confia em si próprio e no trabalho que está a desenvolver, adotará uma atitude demasiado cautelosa que distanciará o RI do cão e não favorecerá nem a criação do vínculo nem o trabalho entre o RI e o cão manta.

O PI deverá explicar ao TIA com antecedência as caraterísticas próprias de cada RI para que o TIA, antes da sessão, possa resolver as suas dúvidas e planear a sua intervenção. Por exemplo, o PI comenta a tendência dessa pessoa a fechar a mão com força perante um estímulo táctil.

Se queremos que o RI acaricie o cão, primeiro devemos escolher qual é a melhor parte do corpo para interagir: a pata, o lombo, o tórax, etc. De seguida, o PI dará as instruções e ajudas oportunas. E por último, o TIA (mesmo que não evite que o RI acaricie o cão) terá ambas as mãos perto dele de modo a esticar a pele e também terá o tempo suficiente para colocar rapidamente a sua mão ou o seu dedo por baixo da mão do RI, no caso de que este agarre a pele do cão com força.

O profissionalismo do TIA, a sua concentração durante a sessão, a sua experiência e o vínculo com o seu cão farão com que saiba antecipar-se e prever. É importante que, sempre que realizem uma IAA utilizando uma PCC, tenham confiança no vosso trabalho e na vossa equipa.

Posição e função do PI

Este deve situar-se atrás do RI facilitando ou guiando a atividade terapêutica ou sentado no lado oposto à mesa, de frente para o RI, para trabalhar outros aspetos como o contato visual, o seguimento de instruções, etc.

Posição e função do RI

O RI estará sentado na sua cadeira em frente à parte mais ampla da mesa, com o ventre do cão à sua frente.

Exercícios práticos

Para os membros inferiores

Nesta PCC não se contemplam exercícios para o trabalho direto dos membros inferiores.

Para a estimulação cognitiva ou sensorial

A ALMOFADA

Aproximaremos o cão ao RI para que este repouse as mãos sobre o tórax ou sobre o ventre o cão e também apoie a cabeça para ouvir os batimentos do coração e a respiração do animal.

IDENTIFICAR CORES

O PI deve posicionar-se no lado oposto ao RI, para que este não o possa ver, enquanto o TIA estará ao lado do RI, para supervisionar e controlar a cabeça e o corpo do cão manta. Antes de iniciar o exercício, o TIA colocará umas molas da roupa coloridas espalhadas pelo corpo do cão, seguindo as instruções do PI. Seguidamente, o PI mostrará um pictograma de determinada cor ao RI e este deverá tocar ou tirar a mola dessa cor ao cão.

Para os membros superiores

PUXAR O LENÇO

O TIA passará um lenço por baixo do tronco do cão e colocar-se-á ao lado do RI. Tanto este como o PI estarão um de cada lado do cão puxando para recuperar o lenço. O TIA animará o jogo enquanto se assegura que o cão não se mexe nem se magoa com o roçar do lenço.

VOU-TE DECORAR

O TIA colocará um arnês estreito com pedacinhos de velcro no cão. Entretanto, o PI, situado à frente do RI, deverá colocar outros pedacinhos de velcro em pequenos objetos ou medalhas.

O RI deverá pegar neles e colá-los no arnês do cão. Os objetos podem estar relacionados as estações do ano (folhas para o Outono, flores para a Primavera,...).

Cabeça e tronco

TORRE DE PEÇAS ESCONDIDAS PELO CORPO

O cão estará deitado lateralmente. Repartiremos peças de uma torre à volta do corpo do cão e em cima dele: atrás do lombo, debaixo de uma pata, à frente do abdómen, sobre a cabeça, etc. O PI, sentado ao lado do RI, deverá incentivá-lo a reunir as várias peças e colocá-las em cima do lombo do cão formando uma torre ou uma fila.

PCC. 17
CM perpendicular ao RI em tombado dorsal

Descrição da PCC

Nesta PCC, o cão coloca-se deitado de lado sobre a mesa.

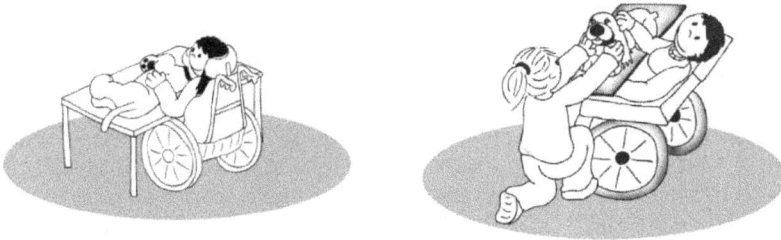

Objetivo da PCC

Oferecer uma superfície de trabalho elevada e horizontal para que o RI possa trabalhar com o cão-manta.

Posicionamento e funções da equipa

Posição e função do cão

Ao contrário da PCC. 16 exposta anteriormente, o cão não se posicionará com o ventre mas sim com o lombo em frente ao RI. Além disso, a cabeça e o rabo do cão estarão mais perto do RI do que as patas, que estarão no lado oposto a ele.

Podemos realizar algumas pequenas variações desta PCC com a finalidade de incrementar a altura ou a direção do plano de intervenção:

-Colocar o cão na posição de esfinge de modo a elevar a superfície de trabalho (ver a figura na descrição da PCC).
-Colocar o cão em posição quadrupede para elevar ainda mais o plano de intervenção.
-Colocar o cão na posição de sentado para conseguir um plano inclinado.

Posição e função do TIA

Assim como na PCC. 16, o TIA estará num dos lados da mesa em função da posição do PI.

Nesta PCC a cavidade abdominal do cão está resguardada, em contraste com a cabeça e o rabo. Por este motivo, o TIA deverá ter cuidado com estas últimas.

Posição e função do PI

Dependendo do exercício, o PI deve colocar-se em frente ou ao lado ao RI, guiando ou supervisionando os movimentos dele.

Posição e função do RI

Sentado na cadeira e perto da mesa onde se o cão se encontra. O lombo do animal estará próximo ao tórax do RI. Esta PCC permite que o RI eleve as mãos ou os membros superiores separando-os do seu corpo ao mesmo tempo que dispõe de uma superfície ampla sem se sentir pressionado ou invadido pelo corpo do cão.

Exercícios práticos

Para os membros inferiores

Nesta PCC não se contemplam exercícios para trabalhar os membros inferiores de forma direta.

Para a estimulação cognitiva ou sensorial

ESCOVAR ENTRE PONTOS

Vamos propor ao RI que escove o lombo do cão desde um ponto até outro, sinalizados com autocolantes coloridos. Cada vez separaremos os dois pontos um pouco mais de modo a aumentar a dificuldade.

EM CIMA, EM BAIXO

Com o cão na posição sentado (ex. 17c), pediremos ao RI que coloque um autocolante ou uma mola da roupa no lombo do cão: mais perto da cabeça (em cima) ou mais perto da garupa (em baixo).

Podemos dificultar o exercício adicionando indicações de cores: mola vermelha em cima; etc.

Para os membros superiores

PASSAR PELO ARO

Já está na hora de introduzir o segundo cão manta. Normalmente, nas sessões de IAA com PCC, trabalharemos com dois cães manta de diferentes portes.

Um de grande porte que atuará como cão manta (CM-A) de apoio e não realizará habilidades nem deslocações, e um segundo cão manta (CM-B) mais pequeno que poderá servir de suporte, mas em geral estimulará e motivará o RI.

Neste exercício, pediremos ao RI que coloque as mãos ou os antebraços sobre o tronco do cão-manta A e que também sustenha um aro pequeno (que estará apoiado numa mesa e em cima do ventre do cão para facilitar a tarefa ao RI). Quando o RI tenha o aro bem seguro, e depois da sua ordem (com a "ajuda" do TIA), o cão B passará por dentro do aro com suavidade.

VESTIMOS-TE AS CALÇAS

Com o cão em posição quadrúpede (ex. 17b), daremos à criança tecidos retangulares que se possam fixar com velcro.
O RI deverá segurá-las com ambas as mãos e colocá-las nas patas do cão de forma a vesti-lo com umas calças catitas.

Cabeça e tronco

HABILIDADES

Seguraremos cartões de habilidades caninas no lombo do cão manta com umas molas da roupa. À medida que o RI as aponte com o dedo, o cão pequeno realizará as respetivas habilidades em cima da mesa sob o olhar atento do RI.

Capítulo 4

PCC com o usuário sentado no chão

Existe uma grande quantidade de exercícios que poderíamos realizar com um cão quando o RI se encontra sentado no chão. No entanto, neste livro vamos falar das posturas nas quais existe uma compenetração e contacto próximos entre o cão manta e o RI, assim como vários exercícios que poderemos aplicar.

É importante estudar o tipo de superfície sobre a qual vamos desenvolver a atividade e o grau de apoio que o RI necessita.
Em função da posição do cão em relação ao RI, teremos as seguintes PCC:

PCC. 18- CM alinhado com o RI em deitado caudal
PCC. 19- CM alinhado com o RI em decúbito supino cefálico
PCC. 20- CM perpendicular ao RI em tombado ventral
PCC. 21- CM perpendicular externo ao RI
PCC. 22- CM paralelo externo ao RI
PCC. 23- CM em cima do RI

Benefícios gerais

O facto de que o RI esteja sentado no chão juntamente com CM vai ser beneficioso para:

- Estimular a capacidade de estar sentado
- Estimular o controlo do tronco
- Estimular o controlo da cabeça
- Favorecer o trabalho bimanual

PCC.18
CM alinhado com o RI em deitado caudal

Descrição da PCC

Nesta PCC, o cão manta estará deitado em esfinge entre as pernas em extensão do RI. Entre as duas orientações possíveis, em CTAC optamos pela direção caudal/cefálica (do rabo à cabeça) e desaconselhamos a céfalocaudal pela proximidade que existiria entre o focinho do cão e as virilhas do RI.

Objetivo da PCC

Trabalhar os músculos abdutores e flexores dos membros inferiores do RI, assim como o controlo do tronco.

Posicionamento e funções da equipa

Posição e função do cão

Enquanto o RI se senta no chão (com a ajuda do PI), o cão manta estará sentado em frente a este, esperando que ele se posicione para que se possa deitar à sua frente.

Segundo as instruções do terapeuta, o TIA manipulará o cão para o colocar entre as pernas em extensão do RI. Nessa posição, o cão deverá manter-se quieto e em contacto direto com os membros inferiores enquanto o RI interatua com ele.

Para realizar qualquer modificação na PCC, será indispensável tirar o cão de entre as pernas do RI, empurrando-o suavemente pelo tronco. Se o PI decide manipular o RI o cão deverá manter-se quieto de modo a não interferir.

Se colocássemos o cão em posição de esfinge céfalocaudal o focinho do cão incomodaria o RI; ao ter a cabeça tão perto, seria mais provável que o RI realizasse algum movimento inoportuno para o cão e, por último, não disporíamos de uma superfície de contacto amplia entre os dois de forma tão próxima.

Posição e função do TIA

O TIA sentará e deitará o cão seguindo o movimento do RI e, posteriormente, girará o cão 180 graus sob o seu eixo vertical até que a garupa dele fique perto do RI e a cabeça perto do TIA. Depois, o TIA colocará ambas as mãos na cintura escapular do cão e deve empurrá-lo suavemente para trás, entre as pernas do RI, sob a supervisão atenta do PI, a expetativa do RI e a aceitação do cão.

Quando o cão já estiver bem posicionado entre as pernas do RI, o TIA deve sentar-se comodamente perto da cabeça do cão, de forma a ter um controlo rápido sob a postura do tronco do cão e poder direcionar a cabeça dele para motivar o RI.

Posição e função do PI

O PI, sentado no chão atrás ou ao lado do RI, deve supervisionar a colocação do cão entre os membros inferiores do RI, ao mesmo tempo que ajudará e motivará o RI a interatuar com o cão utilizando o tronco, os membros superiores ou os inferiores.

O PI deverá facilitar uma abertura correta das pernas do RI, colocando as mãos sobre os joelhos ou as coxas (se for necessário) para evitar que este as feche enquanto se procede à colocação do cão.

Posição e função do RI

O RI, sentado no chão com as pernas abertas e em extensão, terá a garupa do cão por baixo da sua cabeça e o lombo entre os seus membros inferiores, tendo desta forma uma amplia superfície de contacto.

Esta postura, em contraste com a que descreveremos de seguida, é bastante indiferente relativamente ao cão: não existe uma grande implicação emocional direta com ele, ou seja, não existe um contacto direto nem contacto visual da cabeça ou da boca, que são zonas mais impactantes para o RI, visto que o que o RI observa é uma superfície peluda e neutra.

De modo a melhorar o contacto e a propriocepção recebidas seria conveniente que o RI não estivesse vestido nos membros inferiores.

Exercícios práticos

Para os membros inferiores

UM NINHO

Estimularemos o RI para que, com ou sem ajuda, mantenha as pernas em contacto direto com o cão. Desta forma, os membros inferiores serão relaxados e estimulados ao sentir o calor que o cão transmite assim como a suavidade do seu pelo.

ABRE-TE SÉSAMO!

Uma vez realizado o exercício anterior, com as pernas mais relaxadas, podemos pedir à criança que as abra, com as palavras mágicas do Aladin. Assim, o cão pode escapar do ninho arrastando-se. Podemos repetir o exercício se o TIA o considera oportuno para o cão.

Para a estimulação cognitiva ou sensorial

ADIVINHA QUAL È O BRINQUEDO

O TIA disporá de uma série de brinquedos para o cão. Cada vez que o RI adivinhe como é algum deles, o TIA entrega-o ao cão e este levantará o focinho para que o RI o possa ver. Depois, o TIA agarra no objeto, coloca-o sobre a cabeça do cão e, lentamente, deve aproximá-lo do RI, arrastando-o sobre o lombo do cão, até que ele o agarre com as mãos.

Para os membros superiores

UM TABOLEIRO

O RI colocará umas cartas que expliquem uma historia ou uma sequência no lombo do cão.

Também podemos motivar o RI a fazer uma torre com peças de espuma coloridas, indicando que se o cão se mexe um bocadinho corremos o risco de que a torre se desmorone.

Cabeça e tronco

AS RÉDEAS COLORIDAS

Colocamos uns lenços coloridos à volta da coleira do cão, que ficarão pendurados sobre o seu lombo. De seguida devemos motivar o RI a esticar cada um deles para que se soltem.

PCC.19

CM alinhado com o RI em decúbito dorsal cefálico

Descrição da PCC

Nesta PCC o cão manta estará deitado de barriga para cima, entre as pernas em extensão do RI. Entre as duas opções possíveis, caudal ou cefálica, em CTAC optamos pela direção céfalocaudal (da cabeça ao rabo) e desaconselhamos a caudal-cefálica pelo perigo que representeariam as patas traseiras perto do rostro do RI.

Objetivo da PCC

Trabalhar tanto os membros superiores como o controlo do tronco.

Posicionamento e funções da equipa

Posição e função do cão

Iniciaremos o procedimento de forma similar ao da PCC. 18, mas neste caso o cão deve sentar-se e deitar-se de frente para o RI. Depois, sempre de frente ao RI, devemos aproximá-lo e colocá-lo entre as suas pernas, até chegar à altura dos joelhos.

Depois, o cão deve deixar-se manipular pelo TIA para poder passar da posição de deitado de barriga para baixo a deitado de barriga para cima, sem a menor resistência. De seguida, deverá deslizá-lo pelo lombo até à zona inguinal do RI e o cão repousará a cabeça o mais perto possível do seu colo.

As patas traseiras do cão manta estarão perto do TIA e as dianteiras devem permanecer relaxadas sobre o corpo do cão em direção ao rabo ou para cima, ligeiramente fletidas.

O cão deve permanecer nesta PCC absolutamente relaxado e não deve lamber.

Para desfazer esta PCC deslizaremos o cão até à altura dos pés do RI e colocá-lo-emos de lado até que o RI esteja em pé. De seguida, daremos a ordem para que se levante.

Posição e função do TIA

O TIA deverá sentar e deitar o cão seguindo o movimento do RI. Quando o RI esteja bem sentado no chão com as pernas abertas e em extensão, o TIA colocará as mãos em ambos os lados do tronco do cão (que estará deitado em esfinge) e suavemente deve empurrá-lo na direção do RI, deslizando-o sobre as patas.

Quando chegue á altura dos joelhos, acompanhará o cão, suavemente, desde a posição de esfinge até à posição de deitado. Depois, com a aprovação do PI, deve agarrar nas quatro patas do cão e, imprimindo um pouco de força no sentido ascendente, dar-lhe a volta para que passe da posição de deitado à posição de deitado de barriga para cima. Finalmente, deverá aproximar o cão ao RI, empurrando-o suavemente pela garupa com uma mão.

Uma vez realizada esta manobra, o TIA deverá comprovar que o cão está bem posicionado, colocar a cabeça dele o mais próxima possível ao RI e deve, por fim, situar-se no lado oposto ao usuário, de cócoras, para que possa aceder rapidamente, se necessário, à cabeça do cão ou às suas patas anteriores.

Durante a sessão deve, juntamente com o PI, velar para que o manejo da cabeça do cão por parte do RI seja o mais delicada possível. Se se observa o contrário, estes optarão por reformular a PCC.

Posição e função do PI

Nesta PCC o trabalho em equipa é importante porque o usuário e o cão (sobretudo as suas patas) devem ser vigiados constantemente.

O PI ajudará o RI a sentar-se e, assim, a iniciar a posição. Isto é, o cão vai posicionar-se em função do RI, não o contrário.

Uma vez colocado, o PI guiará as mãos do RI pelo corpo e pelo rosto do cão e deverá facilitar que este agarre ou manipule as suas patas dianteiras.

Posição e função do RI

O RI, sentado no chão com as suas pernas abertas e em extensão, terá a garupa do cão por baixo da sua cabeça e o lombo entre os seus membros inferiores, oferecendo desta forma uma superfície de contacto ampla.

Esta postura tem uma grande repercussão a nível emocional para o RI por ter o rostro do cão relaxado por baixo da sua cabeça e, por isso, favorece a interação ativa com o cão, não só através do toque como também através da manipulação (com a ajuda necessária).

Exercícios práticos

Para os membros inferiores

CONTACTO

O RI, com ou sem ajuda do PI e sob a supervisão do TIA, poderá acariciar o cão suavemente e sentir as diferentes texturas ou o peso das partes do corpo. Mesmo que o cão não esteja colocado sobre as suas pernas, pelo simples facto de sentir o cão perto, o tónus muscular será trabalhado, relaxando-se. Para isso, deverão tirar-se as meias e ter as perneiras das calças levantadas.

Para a estimulação cognitiva ou sensorial

O BARQUINHO

O TIA deverá colocar-se no lado oposto ao RI. Agarrará nas patas posteriores do cão e motivará o RI a suster as dianteiras. Isto requer que o RI endireite tronco e mantenha os braços em tração. Os dois cantarão uma canção rítmica, baloiçando ligeiramente o cão de um lado para o outro.

AS PARTES DA CARA

Situando-se tão perto da cara do cão, podemos pedir ao RI que identifique as diferentes partes que a constituem: olhos, boca, orelhas... Podemos ajudar com pictogramas ou desenhos. O PI deverá assegurar-se que o RI não magoa o cão enquanto lhe toca nas várias partes da cara.

Para os membros superiores

CANÇÃO DE CHOCALHOS

Com o cão de barriga para cima e relaxado, colocaremos pulseiras de chocalhos nas suas patas para que os chocalhos façam barulho cada vez que o RI estenda a sua mão para tocar numa delas.

Cabeça e tronco

AS PATAS DO CÃO

O TIA deverá colocar-se ao lado do cão, perpendicularmente, de modo a ter um bom controlo sobre ele e poder manipular as patas dianteiras.

O TIA acariciará o rostro do RI com o dorso das patas do cão e, assim, incentivará o RI a rotar ou levantar a cabeça. Pode também manter as patas erguidas (mais ou menos elevadas) para que o RI coloque aros, elásticos ou pulseiras nelas.

PCC. 20
CM perpendicular ao RI em tombado ventral

Descrição da PCC

É uma PCC pensada para que um RI com alguma capacidade para se sustentar autonomamente interatue com o cão manta desde a parte ventral ou interna, como se fosse uma superfície de trabalho.

Objetivo da PCC

Oferecer ao RI a sensação de estar sentado de forma autónoma e que possa interatuar com o cão a partir dessa posição, mesmo que, na realidade, o RI esteja contido pelo corpo do cão e ligeiramente apoiado no costado de menor estabilidade ou mais afetado, o que estimulará os sentidos do RI.

Posicionamento e funções da equipa

Posição e função do cão

Iniciaremos o procedimento com o cão deitado de lado e, quando o RI esteja colocado, aproximaremos o cão lentamente (que deverá permanecer relaxado) até ao RI.

Em contraste com as PCC nas quais o RI apoia o seu corpo no corpo do cão e que desenvolveremos mais à frente, nesta PCC não é imprescindível que o cão receba o apoio direto do TIA para contrapor as forças que o RI exerça sobre o seu corpo. No entanto, deverá velar pelo seu bem-estar e facilitar a interação com o RI.

Enquanto a PCC dure, o cão deverá permanecer relaxado, deixando o TIA manipular as várias partes do seu corpo – patas, cabeça, rabo – e permitindo que o tronco sirva de superfície de apoio ou de trabalho.

Posição e função do TIA

O TIA pedirá ao cão que se deite. Quando o RI estiver na sua posição, o TIA deverá por as mãos sobre o lombo do cão e empurrá-lo suavemente na direção do RI até que o ventre do cão se adapte ao ponto de contacto com ele.

Em função do espaço que o RI proporcione, o TIA manipulará os quatro membros do cão ao mesmo tempo, colocando as mãos na parte de fora e empurrando-os para o centro de modo a criar um espaço no qual o RI se sinta abrigado.

O TIA deverá sentar-se de cócoras perto do lombo do cão, para a eventualidade de ter que manipular os seus membros. Também se pode sentar de pernas cruzadas para poder supervisionar a interação do RI com o cão.

Posição e função do PI

O PI deverá assegurar-se que a posição do RI seja correta e aproximá-lo ao cão pela zona mais apropriada para a terapia. Deverá também induzir o RI a interatuar com o cão de acordo com a motivação que o TIA aporte.

Posição e função do RI

Sentado no chão, poderá interatuar com o cão de duas formas:

• Frontalmente: com as costas descobertas (ou em contacto com o PI), com os pés descalços e as pernas cruzadas. Desta maneira terá ambas as mãos perto do corpo do cão.

• Lateralmente: na direção da cabeça do cão ou do rabo; com as pernas em extensão seguindo o corpo do cão ou as costas apoiadas sobre as patas do cão, seja na zona inguinal ou axilar. Assim terá uma mão perto do tronco do cão e a outra no lado oposto.

Tanto numa como na outra, o RI encontrar-se-á em íntimo contacto com o cão. À parte da estimulação sensorial, o RI terá a perceção de que à frente dele só está o corpo do cão. Este estímulo psicológico contribuirá para reforçar a sua autonomia e a sua autoestima.

Exercícios práticos

Para os membros inferiores

Nesta PCC não se pretende trabalhar ativamente com os membros inferiores do RI. Pretende-se que mantenha uma boa sedestação (apoiando-se ou não no cão) enquanto trabalha e interatua com ele.

Para a estimulação cognitiva ou sensorial

PARTES DO CORPO

O TIA deverá fazer com que apareçam umas cartas CTAC (previamente selecionadas com o PI) atrás de várias partes do corpo do cão. O RI, com ou sem ajuda física, deverá tocar nelas, colocar-lhes uma mola da roupa ou colar-lhes um adesivo colorido.

Para os membros superiores

TORRE DE AROS ou RUIDOS

O RI deverá posicionar-se em frente à barriga do cão. O PI fará com que apareçam uns aros coloridos pela zona do rabo do cão ou pela cabeça, para que o RI os observe e estenda as mãos para os agarrar. Quando o faça, deverá colocar os aros sobre o tronco do cão e construir uma torre, até que esta se desmorone e produza um ruído atrativo para o RI ao cair.

Cabeça e tronco

CAMINHOS DE LÃ

Com o RI e o cão bem posicionados, o TIA colocará umas molas da roupa em vários pontos estratégicos do corpo do cão (a coleira, a garupa, o lombo, a pata, a cabeça...).

Numa das molas estará atado um fio de lã e o outro extremo desse fio será dado ao RI para que, seguindo as instruções do PI, o coloque noutra mola. Por exemplo, o fio da mola da coleira deverá chegar à mola do lombo; ou poderíamos pedir que chegasse à mola da coleira partindo da mola do lombo e passando pela mola da pata.

Se desejamos uma maior extensão e controlo do tronco e da cabeça, podemos dificultar o exercício colocando cones coloridos à volta do corpo do cão, a uma certa distância dele. Neste caso, poderíamos pedir-lhe, por exemplo: "Vai desde a mola da coleira até ao cone verde...",

PCC. 21
CM perpendicular externo ao RI

Descrição da PCC

O RI interatuará com o cão a partir da zona externa, favorecendo desta forma que o RI se sinta relaxado e não intimidado.

Objetivo da PCC

Facilitar ao RI poder estar perto do cão e interatuar com ele sem que se sinta pressionado, apenas se realiza algum movimento ativo para que isso aconteça.

Posicionamento e funções da equipa

Posição e função do cão

O cão deverá permanecer quieto na posição que o TIA lhe indique: deitado, em esfinge, sentado ou com a barriga para cima; enquanto o RI se encosta ou interatua de alguma forma com ele.

Como esta não representa uma postura muito complexa, nas posições de esfinge e sentado podemos adaptar a manta de terapia CTAC ao cão, pois desta forma facilitaremos uma interação progressiva entre ele e o RI.

Antes de colocar o cão nalguma destas posições ajustaremos a manta de terapia CTAC sobre o seu lombo. Desta forma, quando se aproxime ao RI, este poderá interatuar seguindo as instruções do PI.

Posição e função do TIA

O TIA, em função da disposição do RI para interatuar com o cão, deverá aconselhar sobre a conveniência de manter uma maior ou menor distancia e de trabalhar desde a parte interna ou externa do animal.

Segundo os objetivos propostos inicialmente por parte do PI, o TIA deverá explicar a possibilidade da utilização de uma manta de terapia CTAC sobre o lombo do cão. Assim, ao mesmo tempo que o cão serve de superfície de apoio para uma manta interativa, ajudará o RI a incorporar o cão gradualmente no seu espaço mais direto.

O TIA deverá posicionar o cão na posição mais adequada a cada RI e aos objetivos propostos, supervisionar que não haja nenhum movimento espontâneo por parte do cão relativamente ao RI -para que não o assuste – e também vigiar o cão, para que não se produza nenhum incidente que o possa importunar. A posição de respeito do cão dependerá do posicionamento do PI.

A única exceção na qual o TIA se colocará primeiro do que o PI relativamente ao RI será quando deitemos o cão de lado e o RI apoie as suas costas sobre o lombo do cão. Neste caso o TIA deverá adotar a postura de cócoras ventral para contrapor a pressão que o RI possa exercer sobre o cão. Isto é, o TIA deverá ajoelhar-se dentro da cavidade ventral do cão, realizando um leve contacto com os joelhos à altura do tórax e ventre, repousando as mãos na cavidade pélvica e escapular do cão, respetivamente.

Posição e função do PI

Deverá colocar-se em frente ao RI ou ao seu lado, de acordo com os objetivos planeados e as capacidades do RI. Ajudará e guiará o RI a tocar ou interatuar com o cão mediante a manta de terapia CTAC.

Posição e função do RI

O RI poderá establecer contacto com o cão de várias formas, segundo como se posicione em relação a ele: de costas para o cão, apoiando as costas nele; de frente para o cão, sentado com as pernas cruzadas; de lado, com as pernas em extensão e o corpo em rotação.

Exercícios práticos

Para os membros inferiores

VAMOS BRINCAR COM OS PÉS

Com o cão na posição de esfinge e o RI sentado perpendicularmente a ele, pediremos-lhe que acaricie o corpo do animal com as pernas e os pés.

Depois diremos ao RI que exerça pressão sobre um costado do corpo do cão para que possa rodar sobre si mesmo e fazer "o croquete".

Também podemos sentar o cão sobre os pés do RI e depois pediremos que os retire.

Para a estimulação cognitiva ou sensorial

TABOLEIRO INTERATIVO

O cão estará na posição de esfinge e com a manta de terapia bem colocada em cima do lombo. Convidamos o RI a procurar dentro dos bolsos coloridos os elementos necessários para a realização de um jogo.

O cão também pode estar deitado de barriga para cima e convidaremos o RI a colocar as mãos na barriga do cão para sentir a suavidade da pele do abdómen, o relevo das mamas, o bater do coração, a temperatura elevada nas axilas quando o cão (com a ajuda do TIA) prende as mãos do RI entre a coxa e o abdómen, o cheiro das almofadas das patas, etc.

Para os membros superiores

ESCOVAR

Pediremos ao RI que acaricie ou escove o lombo do cão, que estará sentado ao seu lado. A inclinação natural do lombo oferecerá a vantagem de que a mão do RI descenda facilmente, realizando assim uma escovagem quase autónoma.

Podemos aumentar a dificuldade do exercício se ocultamos as escovas debaixo do cão, tendo assim o RI que vencer o medo a aproximar-se ao cão para os encontrar e agarrar.

Cabeça e tronco

RUÌDO MÁGICO

O RI apoiará a parte lombar no lombo do cão, que estará deitado de lado. Convidaremos o RI a manter uma boa sedestação ao mesmo tempo exerce uma rotação no corpo na direção do cão para verificar de onde vem determinado ruído: da zona da cabeça ou da zona do rabo.

O TIA, seguindo as indicações do PI, fará soar um objeto à altura da cabeça ou do rabo do cão. O RI devera investigar de onde provém o ruído, girando a sua cabeça ou com o olhar, para agarrar o objeto – com ou sem ajuda do PI.

PCC. 22
CM paralelo externo ao RI

Descrição da PCC

PCC similar à posição de alinhado interno (ex. 18). Neste caso, o contacto estabelece-se entre um dos membros inferiores do RI e o lombo do cão manta.

Objetivo da PCC

Proporcionar a possibilidade de trabalhar os membros inferiores, seja relaxando-os (normalizando o seu tónus através do contacto entre o cão e o RI) ou estimulando-os (através do trabalho ativo entre ambos).

Posicionamento e funções da equipa

Posição e função do cão

Iniciaremos o procedimento colocando o cão paralelamente ao RI, na posição de esfinge ou na posição de deitado lateral. Quando o RI esteja sentado no chão com as pernas em extensão, aproximaremos o cão lentamente (que deverá permanecer relaxado) até estar em contacto com uma das pernas do RI.

Ao colocar o cão manta paralelo ao RI, existem duas direções que podemos realizar e que nos oferecerão diferentes opções de trabalho:

a)   Cão manta paralelo ao RI a favor do pelo: Isto é, o RI e o cão olham na mesma direção (ver desenho): céfalocaudal.

b)   Cão manta paralelo ao RI, cão a contrapelo: O RI e o cão olham em direções opostas: caudal-cefálica.

Em função do objetivo a trabalhar poderemos incrementar a distância lateral entre o cão e o membro inferior do RI, assim como avançar ou retroceder o cão em linha reta relativamente à linha imaginária longitudinal da perna do RI. Desta forma, podemos regular a distância entre a cabeça ou entre o rabo do cão e o tronco do RI.

Durante o tempo que dure a PCC o cão deverá permanecer relaxado, apesar dos movimentos de deslocamento que o TIA lhe possa imprimir ou do contacto mais ou menos brusco do RI durante o exercício.

Posição e função do TIA

O TIA pedirá ao cão que se deite paralelamente ao RI e, quando o RI esteja na posição correta, colocará as mãos sobre o lombo do cão, empurrando-o suavemente até estar em contacto com a perna do RI.

O TIA deverá colocar-se de cócoras perto do RI e do cão, de modo a supervisionar o seu bem-estar e manipular o cão caso seja necessário.

Posição e função do PI

O PI supervisionará a correta sedestação do RI e deverá aproximá-lo ao cão pela zona mais apropriada para a terapia. Induzirá o RI a interatuar com o cão de acordo com a motivação ou o exercício inicialmente proposto.

Posição e função do RI

Sentado no chão ao lado do cão e com as pernas em extensão, o RI terá uma grande liberdade de movimentos e interação livre com ele ou com os cães, enquanto estes descansam junto às suas pernas.

Exercícios práticos

Para os membros inferiores

DECORAR OS PÉS

O objetivo do jogo é que ambos RI e o cão acabem com os seus pés e patas decorados com adesivos coloridos.

Colocaremos o cão em posição de esfinge, paralelo ao RI e na direção caudo-cefálica para conseguir que a cabeça do cão e as patas dianteiras fiquem perto do tronco e das mãos do RI e a garupa (ou quartos traseiros) perto dos pés do RI.

Depois pediremos ao RI que levante a perna e, ampliando o ângulo de abertura, a coloque em cima da garupa do cão para que o PI possa colocar um adesivo colorido no seu pé ou nas suas unhas. Como prémio, o RI receberá outro adesivo para colocar nas patas do cão.

Para a estimulação cognitiva ou sensorial

CINTOS DE SENSAÇÕES

Com o cão deitado, paralelo ao RI na direção céfalocaudal (a garupa perto do tronco do RI e a cabeça perto dos pés), o PI – com ou sem ajuda do RI e do TIA – colocará fitas ou telas de várias texturas unindo o corpo do cão com a perna do RI de forma suave.

O jogo consistirá em que, mostrando, descrevendo ou simplesmente através do toque de uma textura, o RI deva retirar o tecido que o una ao corpo do cão, suavemente, com a ajuda do TIA.

Para os membros superiores

VAMOS AO CABELEIREIRO

Com o cão situado junto à perna do RI (preferivelmente no seu lado menos hábil) pediremos ao RI que penteie o cão e que lhe faça rabos de cavalo ou lhe ponha molas para que fique bonito.

Cabeça e tronco

ORGANIZAR UMA SEQUÊNCIA

Colocamos o cão manta paralelo ao RI. O PI deverá entregar-lhe umas lâminas de sequências CTAC (em vários locais do espaço que lhe interessem trabalhar) para que este as vaia colocando sobre o lombo do cão pela ordem correta e assim se construia uma pequena historia coerente, que posteriormente o RI poderá explicar ou mostrar ao cão.

HABILIDADES

Se tivessemos dois cães na sessão poderíamos deitar o CMA paralelamente ao RI e colocar-lhe cartas de habilidades caninas CTAC no lombo. Cada vez que pegue numa delas e a dê ao PI (em vários pontos do espaço) o segundo cão, de porte mais pequeno, realizará a habilidade respetiva.

UM BANHO CRUZANDO A LINHA MÉDIA

Com o cão situado junto à perna do RI, a uma maior ou menor distância do tronco, o RI deverá dar-lhe banho utilizando espuma seca com ambas as mãos ou simplesmente utilizando a mão localizada no lado oposto do cão.

Este mesmo exercício pode ser realizado com maior dificuldade se colocamos o cão na direção caudo-cefálica ou a contrapelo.

PCC. 23
CM em cima do RI

Descrição da PCC

É uma PCC pensada para os RI com alguma capacidade para se sustentarem autonomamente em sedestação para intervir nos membros inferiores a nível muscular, isto é, sobre as suas coxas ou pernas, mas nunca a nível articular (joelhos ou calcanhares). Sempre se realizará com cães de pequeno porte e que não pesem muito.

Objetivo da PCC

Favorecer a sedestação, especialmente a sua estabilidade, e trabalhar a musculatura envolvida no ato de se sentar e, por outro lado, favorecer a relaxação dos membros inferiores.

Posicionamento e funções da equipa

Posição e função do cão

O cão deve colocar-se ao lado do TIA na posição quieto e, quando o RI esteja sentado, com a aprovação do PI, o TIA sustentará o cão com as duas mãos, colocando-o perpendicular aos membros inferiores do RI, segundo o que foi previamente acordado entre os dois profissionais.

Não colocaremos o cão paralelo sobre os membros inferiores para evitar que o comprimento do corpo do cão seja suficiente ao ponto de chegar às articulações do RI.

Poderemos colocar o cão manta:

a) Perpendicular sobre as coxas do RI (apoiando-se nos seus músculos), seja na posição sentado ou deitado.

b) Como uma ponte: isto é, aplicando uma maior ou menor abertura dos membros anteriores e posteriores ao cão. Colocará as patas no chão enquanto o seu ventre repousa nas coxas do RI.

c) Perpendicular sobre as pernas do RI e na posição deitado.

Nunca sentado nem sentado de lado, pois apesar do cão pesar pouco, a massa muscular das pernas do RI é muito escassa. Os cotovelos e os joelhos devem encontrar-se apoiados no chão.

Uma vez que o cão esteja bem posicionado, deverá ficar quieto e relaxado durante todo o exercício.

Posição e função do TIA

O TIA deverá sentar-se no chão, do lado oposto ao PI, e manter-se perto do cão manta para supervisionar e contrapor possíveis desequilíbrios do cão devido a movimentos do RI.

Posição e função do PI

Quando o cão manta estiver bem colocado, o PI deverá assegurar-se que não existem pontos de pressão que possam repercutir negativamente no RI e, depois, prosseguir com a sessão.

Posição e função do RI

Sentado no chão com os elementos necessários para uma correta sedestação, deverá manter os membros inferiores em extensão durante todo o exercício e a interação com o cão.

Antes de colocar o cão no colo, deverá existir uma compenetração entre ambos.

Exercícios práticos

Para os membros inferiores

RELAXAÇÃO

Depois de criar um vínculo emocional entre o RI e o cão poderemos pedir ao RI que deixe descansar o cão sobre o seu colo mas que, para isso, deverá manter as pernas juntas e tranquilas.

UMA MÚSICA DE EMBALAR

Ajudaremos o RI a cantar uma música de embalar ou uma música baixinho ao cão, que descansa nas suas coxas, enquanto mexe suavemente as pernas para que o ele adormeça.

Para a estimulação cognitiva ou sensorial

ESTETOSCÓPIO

Com o cão manta relaxado sobre o RI, deixaremos que este escute os sons do cão: coração, intestinos, respiração, através de um estetoscópio e com a ajuda do TIA.

Para os membros superiores

LANÇAMENTO DE BOLAS, ATIVIDADES

Vestiremos um body canino ao cão (body com tiras de velcro cosidas) e vamos colocá-lo como uma ponte por cima das coxas ou das pernas do RI. Teremos umas bolas coladas ao velcro do body que o RI deverá agarrar e lançar às mãos do PI, a uma cesta ou a um tabuleiro. Cada vez que realize o exercício corretamente poderá dar um prémio ao cão.

Cabeça e tronco

DISFARÇÁ-LO

O RI, com mais ou menos ajuda, poderá disfarçar o cão com os adereços ou vestidos que previamente tenham sido selecionados pelo PI e pelo TIA.

Capítulo 5

PCC. 24
CM e RI sobre um cilindro ou rolo

Descrição da PCC

É uma PCC na qual o RI e o cão interatuarão sobre um rolo, aconchegados pelo PI e pelo TIA, respetivamente.

Objetivo da PCC

Trabalhar com o RI a nível vestibular, além de interatuar fisicamente com o cão manta.

Posicionamento e funções da equipa

Posição e funções do cão

O cão manta deverá colocar-se transversalmente sobre o rolo, com as patas dianteiras de um lado do cilindro e as traseiras do outro. Com a ajuda do TIA, o cão ampliará o ângulo entre as patas e o corpo com a finalidade de aproximar o abdómen a este. Não deverá realizar nenhum movimento espontâneo (girar a cabeça na direção do RI, levantar as patas, etc.) mas deverá deixar que o TIA manipule as várias partes do seu corpo.

O cão deverá manter-se quieto e com as quatro patas apoiadas no chão apesar do movimento de vaivém do rolo.

Posição e função do TIA

Quando já tenha colocado o cão em posição, o TIA deverá sentar-se ao seu lado com as pernas abertas, de modo a ficar com um joelho à altura dos quartos traseiros e o outro à altura do peito do cão. Colocará as mãos sobre o lombo do cão e deverá esperar que o PI posicione o RI.

Nesta postura o TIA estará de frente para o RI e, por este motivo, transmitirá as sensações que o rosto do RI poderá refletir ao PI, uma vez que vai colaborar com ele para manipular o cão de forma a que o RI possa interatuar com o animal mais facilmente.

Deste modo, se necessário, o TIA imprimirá o movimento de vaivém ao rolo, colocando os seus pés firmemente no chão e balançando o seu corpo de um lado para o outro.

Posição e função do PI

Uma vez que tenha colocado o RI em cima o rolo, o PI deverá sentar-se atrás dele com as pernas abertas, tocando com as coxas nas coxas do RI e deixando que o RI se apoie (se necessário) sobre o seu tórax.

Por sua vez, as mãos estarão livres para poder facilitar os movimentos dos membros superiores do RI, para que este possa tocar o cão ou interatuar com ele.

Se fosse necessário o PI também poderia imprimir o movimento de vaivém com as pernas para ajudar o RI e assim conseguir um maior efeito de balanceio.

Posição e função do RI

O RI estará sentado e bem posicionado sobre o rolo, entre o PI e o cão. As pernas estarão perto do peito e dos quartos traseiros do cão e poderão apoiar-se no chão. As mãos repousarão sobre o corpo do cão ou interatuarão com ele, por exemplo, acariciando-o, escovando-o ou abraçando-o.

No momento em que o TIA e o PI imprimam o movimento de vaivém o RI vai balançar-se de um lado para o outro, enquanto o cão se mantém estável em frente a ele, facilitando, por exemplo, que o RI lhe acaricie o lombo com alguma autonomia.

Exercícios práticos

Para os membros inferiores

O TRONCO

O objetivo do jogo é que o RI, sentado sobre o rolo, consiga aproximar-se ao cão deslizando as nádegas com a ajuda dos membros inferiores, sob a supervisão do PI, até fazer a forma de um parenteses e interatuar assim com o cão, mediante um abraço, colocando-lhe um disfarce ou realizando qualquer manobra estimulante para o RI.

O GIGANTE E O CÃO DORMINHOCO

O objetivo é que o RI possa manter-se de pé durante uns instantes e imitar a um gigante, para poder lançar uma suave tela sobre o cão.

Com o RI posicionado no rolo e muito perto do cão, o PI e o TIA deverão motivá-lo a pôr-se de pé, apoiando as suas pernas nas pernas do cão. Quando já estiver em pé, lançará uma tela suave sobre o cão, o lençol para que ele possa dormir, e voltará à sua posição de sentado.

Ao fazer o rolo balançar a tela cairá e poderemos recomeçar outra vez.

Para a estimulação cognitiva ou sensorial

ESCOVAGEM FEITA PELA GRAVIDADE

O objetivo do jogo é que o RI escove o cão de forma autónoma. Para isso, elegeremos uma escova adequada para cada RI. Este colocará a mão sobre a cernelha do cão, com ou se ajuda do PI.

De seguida, o TIA e o PI deverão imprimir um leve movimento de balanceio ao rolo, para que a mão do RI deslize suavemente pelo lombo do cão desde a cernelha até à garupa, isto é, a favor do crescimento do pelo. Ao não seguir o movimento do rolo, o animal vai manter-se em posição horizontal e ajudará à execução do exercício.

Para os membros superiores

ABERTURA DAS MÃOS

O objetivo da atividade é que o RI consiga relaxar ambas as mãos. Para isso, o PI imprimirá um movimento leve de rotação externa a um dos membros superiores do RI, com a finalidade de que a palma da mão se acople ao abdómen do cão e, ao mesmo tempo, motivará o RI a pôr a palma da outra mão sobre o lombo do cão para que o acaricie, para que lhe coloque espuma de banho seca ou simplesmente para que o pressione.

Quando o RI tenha ambas as mãos bem colocadas sobre o abdómen e o tronco, o TIA encargar-se-á de que o RI mantenha o contacto da palma da mão com o abdómen, depositando a sua mão, suavemente, sobre a do RI. Este, através do contacto com uma superfície quente e viva, relaxar-se-á. Entretanto, o PI facilitará o movimento da outra mão.

Posteriormente, o PI deverá encargar-se de realizar um intercâmbio das mãos, para trabalhar com a mão que está totalmente relaxada – pois esteve em contacto com o abdómen do cão.

Todo este processo ocorrerá enquanto o TIA e o PI imprimem um movimento subtil de oscilação ao rolo para a estimulação vestibular do RI.

Cabeça e tronco

CHUVA DE CONFETTIS

Com a equipa posicionada na PCC de parêntesis, o PI (situado atrás do RI) fará cair uma chuva de papelinhos coloridos sobre o lombo do cão, sob o olhar atento do RI. De seguida, pediremos ao RI que os vaia tirando e colocando numa cesta situada estrategicamente (a uma maior ou menor altura, tendo em conta o controlo da cabeça que o RI tenha e a sua facilidade na extensão dos membros superiores) para trabalhar o controlo da cabeça e do tronco.

Cada vez que o PI o aconselhe, o TIA oferecerá um prémio ao cão, colocando-o à frente do focinho a diferentes alturas. O cão só o poderá comer se o RI observa a entrega atentamente (controlo da cabeça).

PCC com o RI deitado no chão com o cão manta

A partir deste ponto do livro, veremos que a compenetração entre o cão manta e o RI será cada vez maior, mais próxima e íntima e, como consequência, o trabalho do TIA deverá ser mais preciso quando tenha que posicionar e supervisionar o cão.

Nas seguintes PCC o RI estará deitado de barriga para cima sobre uma superfície cómoda e estável, como uma colchonete, e o cão manta estabelecerá um contacto físico íntimo com ele, fruto da manipulação do TIA.

Enquanto TIAs devemos interiorizar a seguinte premissa: quando o cão manta está à distancia crítica do RI, não lhe pediremos que realize nenhuma habilidade como: senta-te, deita-te, avança, etc; nessa situação manipularemos o cão para que adote — no menor espaço de tempo e com a maior precisão possível – a posição desejada pelo PI.

Há dois motivos pelos quais a manipulação é mais importante do que a realização de habilidades nas PCC que se executam no chão: o primeiro que nos asseguramos que a posição se realiza tal e qual como o esperado, sem a possibilidade de que a espontaneidade do cão possa provocar algum contratempo.

O segundo, que facilitamos que o cão consiga estar num estado de relaxação; isto é, que assimile que durante a sessão não tem que responder de forma imediata às ordens do TIA; simplesmente deverá deixar- se manipular e manter-se relaxado ao mesmo tempo.

Simultaneamente, o cão manta deverá manter a PCC sem esperar uma guloseima; deverá adquiri-la de forma relaxada, durante o tempo necessário e requerido pelo TIA. É por este motivo que um cão manta se forma progressivamente e sob a responsabilidade do TIA, o qual deverá avaliar e conhecer as capacidades do seu próprio cão manta e premiá-las para que a PCC seja cada vez mais prolongada.

É importante que o TIA confie no seu CM, que esteja tranquilo durante a PCC que lhe vai solicitar e conheça o tempo que ele a pode prolongar em condições otimas. Nesse caso, poderá sugeri-la ao PI para a aplicar numa determinada sessão.

Mencionamos que o CM deverá ser capaz de suster uma determinada PCC durante o tempo necessário e requerido pelo seu TIA; mas este último deverá conhecer as capacidades reais do seu cão para assim poder oferecer ao PI uma posição fiável e previsível.

O TIA não deverá dar prémios ao cão durante a posição, pois isto impediria que este se relaxe. Também não deverá transmitir-lhe as suas inquietudes e nervosismo acariciando-o constantemente durante a execução da postura.

O TIA deverá transmitir segurança tanto ao seu cão manta como ao PI para que, desta forma, a UI possa exercer um papel fundamental no desenvolvimento dos objetivos terapêuticos planeados pelo PI.

Nos próximos capítulos descreveremos as diversas PCC que podemos realizar com um cão manta relativamente ao RI:

Capítulo 6

RI em decúbito supino com o cão manta parcial ou totalmente em cima dele

Capítulo 7

RI em decúbito supino com o cão debaixo dele

Capítulo 8

RI em decúbito ventral com o cão manta parcial ou totalmente em cima dele

Capítulo 9

RI em decúbito ventral com o cão debaixo dele

Capítulo 10

RI em decúbito lateral com o cão manta parcial ou totalmente em cima dele

Capítulo 11

RI em decúbito lateral com o cão manta por baixo dele

Capítulo 6

PCC com o usuário em decúbito supino e o CM em cima dele

Descrição básica

Através das seguintes PCC, o RI – bem colocado e deitado de barriga para cima – vai relacionar-se com o cão, enquanto este se situa parcial ou totalmente sobre alguma parte do seu corpo.

Segundo a posição que o cão manta adopte (deitado, deitado em esfinge ou em decúbito supino) e em função da sua posição relativamente ao RI, teremos as seguintes PCC:

PCC 25-CM perpendicular ao RI em deitado
PCC 26-CM paralelo ao RI em tombado ventral
PCC 27-CM paralelo ao RI em tombado dorsal
PCC 28-CM paralelo ao RI em decúbito supino
PCC 29-CM paralelo ao RI em deitado cefálico

Benefícios gerais da PCC

- Favorecerá o abraço afetivo do RI com o cão manta.
- Facilitará o controlo da cabeça do RI para poder ver onde é que o cão está.
- Atuará como elemento normalizador do tónus muscular do RI (espástico e com discinesia)
- Transformar-se-á num potente estimulante a nível tátil (somático e háptico), olfativo, auditivo (ouvir a respiração do cão).
- Atuará como um estímulo relaxante para crianças inquietas.
- Tranquilizante depois de crises epilepticas.
- Normalizador da respiração, depois de uma crise respiratória.

Quanto mais o cão se apoiar no RI maior será a interação, os estímulos tácteis, propriocetivos e de temperatura; e mais normalizado será o tónus do RI.

155

PCC. 25
CM perpendicular ao RI em deitado

Descrição da PCC

Nesta PCC, o RI, colocado em decúbito supino, sustentará o peso do corpo do cão, que se posicionará em cima dele na posição deitado em repouso ou deitado em esfinge.

Objetivo da PCC

Proporcionar um aumento da temperatura localizada numa determinada zona corporal RI e oferecer-lhe uma superfície peluda para trabalhar.

Posicionamento e funções da equipa

Posição e função do cão

O cão manta, colocado perpendicular ao RI, deverá esperar no chão à altura da zona que será posta em contacto com o usuário, deitado na posição de esfinge.

Perante a ordem do TIA, avançará até à distância crítica do RI e deverá manter-se quieto até que o TIA o manipule para o colocar sobre o corpo do usuário.

Dependendo do tamanho e do peso do cão, poderá ser colocado em cima do abdómen se é um cão manta pequeno (CMB) ou em cima das coxas se for um cão de grande porte (CMA).

O importante em ambos os casos é que as partes que estejam em contacto com o RI sejam unicamente a parte central e ventral do corpo do cão.

A parte anterior do corpo do cão (desde as patas dianteiras até ao focinho) e a parte posterior (desde as patas posteriores até ao rabo) não deverão estar em contacto com o corpo do usuário, repousando ambas no chão através das articulações dos cotovelos e dos joelhos.

A única circunstância na qual permitiremos que o cão não apoie o seu peso no chão será caso ele seja muito pequeno e pese pouco ao ponto do RI o poder suportar com total comodidade. Não obstante, apesar disto, as articulações do joelho e dos cotovelos não deverão estar em contacto com o corpo do RI em nenhum momento.

O cão deverá manter-se quieto enquanto o RI o acaricia ou interatua com ele.

Posição e função do TIA

O TIA, situado ao lado do RI e no lado oposto ao PI, guiará o cão até que este esteja colocado perpendicularmente em relação ao RI e à altura da zona de contacto.

Depois, se se trata de um CMA, indicará com a ordem de "head down" que o cão deposite e mantenha a sua cabeça em cima de determinada zona do corpo do RI.

Se se trata de um CMB, deverá sustê-lo, agarrando-o firmemente pelos quartos traseiros e pelo peito, para o depositar de suavemente sobre o RI. De seguida, recolocará o cão para que as suas patas anteriores e posteriores não se apoiem sobre o corpo do usuário.

Posição e função do PI

Antecipará os movimentos do cão ao RI e deverá explicar-lhe de que forma estes repercutirão nele. Depois, deverá guiá-lo ou acompanhá-lo para que interatue com o cão e o observe.

Posição e função do RI

Estará deitado no chão, em decúbito supino, repousando a sua cabeça diretamente no chão, sobre uma almofada ou uma cunha, ou sobre um segundo cão manta colocado de forma a substituir uma almofada (ver a PCC do exercício 30). Neste caso, o segundo cão manta deverá colocar-se deitado perpendicularmente ao RI e este apoiará a sua cabeça sobre o abdómen do cão.

Será necessária a intervenção de dois TIA, um para cada cão manta.

Exercícios práticos

Nesta PCC, o RI beneficiará do calor e do contacto direto com o corpo do cão, mas não deverá lidar com o seu olhar, pois não terá o focinho de frente para ele.

Para os membros inferiores

PERNAS EM AÇÃO

Diremos ao RI que o CMB se quer deitar nas suas coxas e que, para isso, primeiro deverá colocar as suas pernas sobre uma almofada ou uma cunha. Quando estiver bem posicionado, o TIA manipulará o CMB para se deitar no seu colo.

Outra forma de motivar o RI a mobilizar os seus membros inferiores é através de um CMB. O TIA pedirá ao cão que faça um "head down" sobre uma das coxas do RI e que mantenha essa posição até que o RI mexa voluntariamente a perna para indicar ao cão que se deve levantar.

A PASSEAR

Com o CMB em cima das coxas do RI, vamos pedir-lhe que o leve a passear impulsionando-se suavemente com as duas pernas (flexão e extensão para se deslocar).

Para a estimulação cognitiva ou sensorial

UMA SUPERFÍCIE DE TRABALHO

Para fazer este exercício, o nosso CMB deverá ter um body canino de IAA com tiras de velcro vestido. Para a sua confeção, procuraremos um body de bebé que se ajuste às medidas do cão; fazemos um buraco para que o rabo possa sair e cosemos umas tiras de velcro de cada lado.

O exercício consiste em que o RI aplique (com ou sem ajuda) umas bolas no velcro, formando uma fila.

De seguida, damos a volta ao cão e o RI deverá reproduzir a mesma sequência de cores na outra tira de velcro.

Para os membros superiores

PRÉMIOS NA BOCA

O RI deverá entregar prémios ao cão com a mão que estiver mais próxima da boca. Poderá realizar o exercício com uma colher, uma mola da roupa ou com a sua própria mão.

Cabeça e tronco

ABDOMINAIS

Com o CMB nas coxas do RI a fazer contrapeso, convidaremos o RI a erguer-se para dar um abraço ao corpo do cão.

PCC. 26
CM paralelo ao RI em tombado ventral

Descrição da PCC

Nesta PCC, o cão manta estará na posição deitado lateral ao lado do RI e colocará uma pata anterior e uma posterior em cima dele.

Objetivo da PCC

Que o RI se possa relaxar e seja estimulado sensorialmente através do abraço afetivo.

Posicionamento e funções da equipa

Posição e função do cão

O cão manta deverá aproximar-se ao RI de forma progressiva e bem pautada através das manobras do TIA. Normalmente, faz-se uma primeira apresentação com o cão situado à altura dos joelhos do RI, na posição deitado em esfinge (ou em repouso), ou a um metro dos joelhos e com o cão na posição sentado.

Quando já se tenha feito a saudação ou contacto visual com o RI, o TIA manipulará o cão para o deitar de lado, com as patas na direção do TIA e o lombo contra o RI. O cão manta vai deixar-se arrastar até que a sua cabeça esteja à altura da cabeça do RI.

De seguida, o TIA colocará o cão na posição de decúbito ventral para que os seus membros anterior e posterior que não estão em contacto com o chão descansem sobre o usuário e os outros dois caiam sobre si mesmo para caber entre o corpo do cão e o do RI.

Para facilitar o contacto visual entre o cão e o RI ambos poderão partilhar uma almofada ou, se preferível, colocaremos uma almofada ao cão.

O cão manta permanecerá nesta posição durante o tempo necessário e requerido para que se atinjam os objetivos inicialmente propostos.

Posição e função do TIA

O TIA deverá aproximar-se lentamente ao cão até chegar à distância crítica do RI, a distância na qual o RI se sente cómodo perante a presença do cão, uma distância suficiente ao ponto de não incomodadar nem stressar o RI. Nesse ponto, o TIA deverá ajoelhar-se perto do corpo do RI e ordenar ao cão que se sente ou deite.

Quando o PI dê o seu consentimento, o TIA guiará o cão para se deitar na posição de esfinge acompanhando o movimento suavemente com uma leve manipulação dos membros anteriores.

Deixaremos que o RI coloque a sua mão sobre a cabeça do cão, como se estivesse a fazer uma breve apresentação através de um contacto suave, enquanto o PI lhe explica os movimentos que realizaremos de seguida.

Depois, o TIA colocará o cão deitado de lado através de uma suave manipulação para que o lombo se apoie no costado do RI e as quatro patas estejam na direção do TIA. Com segurança e precisão, o TIA pegará nas quatro patas e dará a volta ao corpo do cão até que o seu lombo repouse nos seus joelhos e as patas estejam na direção do RI. Por fim, recolocará a cabeça do cão para que este esteja cómodo olhando para o RI.

Segundo as indicações do PI, colocará os membros superiores anterior e posterior do cão para que descansem sobre o peito e a coxa do RI e posicionará os membros inferiores anterior e posterior para que descansem entre o corpo do RI e o do próprio cão.

O TIA pode favorecer o contacto entre ambos os corpos aproximando o tronco do cão ao corpo do usuário. Para ajudar, os joelhos do TIA farão de cunha para que assim o cão se possa relaxar nesta posição.

A partir deste momento, o TIA deverá estar atento ao cão e manipular a cabeça e as patas dele para interatuar com o RI em função da demanda do PI.

Posição e função do PI

O PI deverá colocar-se ao lado do RI para antecipar e explicar os distintos movimentos que realizará com o cão. Supervisionará a posição do RI relativamente ao cão e estimulará ou facilitará os movimentos para que interatue com ele.

Posição e função do RI

O RI, deitado em decúbito supino, interatuará com o cão deitado ao seu lado, através do seu olhar ou acariciando a parte do corpo próxima às suas mãos.

O membro superior do RI próximo ao corpo do cão estará perto do seu próprio corpo ou em extensão por trás da nuca do cão, abraçando-o. Isto vai ajudá-lo a acariciar a cabeça ou a zona da cernelha do cão manta com mais facilidade.

Exercícios práticos

Para os membros inferiores

PROPRIOCEPÇÃO, RELAXAÇÃO E ESTIMULAÇÃO

Utilizaremos a pata do cão que está em cima da perna do RI e combinaremos uma pressão constante para fomentar a propriocepção e a estimulação térmica, ao mesmo tempo que intercalaremos, na medida em que o PI o achar oportuno, uma estimulação táctil superficial através de um leve movimento da pata do cão sobre a perna do RI.

Para a estimulação cognitiva ou sensorial

PULSEIRAS DE CÃO

Colocaremos aros coloridos na pata dianteira superior do cão, para que o RI as tire depois utilizando as mãos, com ou sem ajuda do PI e do TIA.

Podemos complicar o exercício se fazemos com que o RI coloque o aro que o PI tenha indicado na pata do cão. Para isso, o RI deverá identificar a cor sugerida e depois colocará o aro para decorar a pata com as "pulseiras" , tudo isto com a ajuda do TIA – que manipulará a pata do cão para que se mantenha rígida e permaneça com uma maior ou menor inclinação e desta forma ajudar à realização deste exercício.

Para os membros superiores

TIRAR BICHINHOS DO CÃO

Quando o cão manta já estiver bem posicionado, pediremos ao RI que utilize as duas mãos para tirar molas da roupa, autocolantes ou lenços do pelo do cão, adereços colocados anteriormente na cabeça, nas orelhas ou no lombo do cão pelo TIA.

Cabeça e tronco

QUEM É QUE ME ESTÁ A SUSSURRAR AO OUVIDO?

Colocaremos o nariz do cão perto do ouvido do RI para fazer com que a respiração do animal estimule o seu canal auditivo. O RI girará a cabeça na direção do cão, seja pelos ruídos que ouve, pelas cócegas que os bigodes lhe fazem na pele ou pelo contacto húmido do nariz.

No momento em que isto aconteça, o TIA manipulará a cabeça do cão para que ele olhe para cima ou a mantenha quieta para que quando o RI gire a cabeça se encontre frente a frente com o cão.

PCC. 27
CM paralelo ao RI em tombado dorsal

Descrição da PCC

Nesta PCC o cão manta vai posicionar-se na posição deitado de lado dorsal e terá um contacto menos invasivo com o RI.

Objetivo da PCC

Relaxar, conter e estimular o RI através de um contacto íntimo com o corpo do cão a partir de uma posição mais neutra.

Posicionamento e funções da equipa

Posição e função do cão

O cão manta aproximar-se-á lentamente ao RI e deitar-se-á à distância crítica própria desse usuário, paralelamente a ele, alinhado com o TIA e com a cabeça à altura da cabeça do RI. Depois, deverá deitar-se de lado, deixando o lombo perto do corpo do RI e as patas na direção do TIA. Com a sua ajuda, deverá aproximar-se ao RI sem a necessidade de um contacto ou apresentação prévios.

A cabeça do cão bloqueará o braço do RI para que, graças à temperatura própria do corpo do cão, o RI se vaia relaxando progressivamente. O cão deve manter-se nesta posição durante o tempo requerido pelo TIA e pelo PI.

Posição e função do TIA

O TIA deverá colocar-se de cócoras entre o cão e o RI e ordenar ao cão que se deite paralelamente ao RI. Depois, colocará o cão na posição deitado lateral através de uma ordem gestual ou imprimindo um suave movimento de pressão para que o cão ceda e se deite. Estas duas manobras ("deita-te" e "tomba-te") podem ser levadas a cabo tanto de forma gestual como mediante uma leve manipulação, pois como o cão não está perto do RI não há possibilidade de uma manobra incorreta.

O TIA colocará o cão em posição ventral, apoiará as mãos no seu tronco e deverá empurrá-lo suavemente até ele estar em contacto com o corpo do RI. Posteriormente, levantará a cabeça do cão para que repouse sobre o braço do usuário. Durante a sessão, o TIA deverá corrigir os possíveis deslizes do cão para que o contacto se mantenha continuamente.

Posição e função do PI

Esta postura não está pensada para que o RI interatue diretamente com o cão, mas sim para que se relaxe e seja contido; o PI deverá colocar-se no lado oposto ao cão manta para acompanhar ou trabalhar diretamente com o RI.

Posição e função do RI

O RI, em decúbito dorsal e com a cabeça apoiada numa almofada, partilhará o seu espaço com o cão, que repousará o lombo no costado do seu corpo e a cabeça sobre o seu braço.

Exercícios práticos

Esta PCC não está pensada para favorecer a interação física entre o RI e o cão manta, visto que o RI está deitado de barriga para cima e o cão está deitado de lado, de costas para ele.

Por este motivo podemos utilizar esta PCC como uma forma de contenção do RI não intimidatória (porque o cão não estará a olhar para ele) e como um suporte estrutural ou uma cunha para o tronco do RI. Desta forma, esta PCC favorecerá a relaxação do membro superior que se encontra debaixo da nuca do cão e motivará o RI a procurar e a observar o cão sem que se sinta pressionado pelo seu olhar.

Também pode ser uma forma fantástica de finalizar uma atividade e, assim, melhorar progressivamente a ansiedade do RI.

PCC. 28
CM paralelo ao RI em decúbito supino

Descrição da PCC

Nesta PCC o RI – em posição e decúbito supino – relaciona-se ativa ou passivamente com o cão, que também se encontra deitado de barriga para cima.

Objetivo da PCC

Transmitir ao RI uma sensação de responsabilidade, fazê-lo sentir competente e capaz de ser responsável pelo cão, de o cuidar, de o proteger e de o amar.

Posicionamento e funções da equipa

Posição e função do cão

Iniciaremos a PCC seguindo os passos da PCC explicada na PCC 27. Relembremos que o cão manta se aproxima lentamente ao RI e, de seguida, se deita à distância crítica própria de cada usuário. Depois, deita-se de costas para o RI e deixa que o aproximem ao corpo dele.

Neste caso, a aproximação deverá realizar-se sem que chegue a haver contacto direto com o RI, para permitir que o cão gire 90 graus na direção do seu corpo.

A.1 Cão manta pequeño (CMB)

Se dispomos de um cão manta de pequeno porte e nos interessa utilizá-lo nesta PCC, podemos posicioná-lo sobre o tronco do RI com o consentimento do PI.

Posição e função do TIA

O TIA supervisionará a aproximação do cão ao RI, dará a ordem para se deitar e girará o cão 90º a partir da posição de deitado.

Com o cão de barriga para cima, colocará ambas as mãos nas laterais do seu corpo e deverá empurrá-lo suavemente na direção do RI. Quando esteja próximo ao RI, o TIA deslizará um dos braços por trás da nuca do cão e, ajudando-se com a outra mão, elevará e deslocará o cão para trás para que a sua cabeça repouse sobre o braço do RI.

B.1. Cão manta pequeño (CMB)

O TIA elevará o cão sustentando-o por baixo das axilas (ou o levantará em braços), deslocá-lo-á no ar até apoiar suavemente a garupa do cão sobre o corpo do RI e depositará o lombo do cão sobre o tórax do RI. De seguida, o TIA deverá manter-se alerta para que o CMB não caia ao chão — poderá inclusive convidar o RI a segurar nele.

Posição e função do PI

Deverá colocar-se num dos lados do RI. Narrará as distintas aproximações que o cão irá realizar e, com a ajuda do TIA, transmitirá ao RI as sensações das quais poderá disfrutar.

Posteriormente, facilitará a extensão do membro superior que se encontra próximo do cão para que o animal possa apoiar a sua cabeça sobre ele.

C.1. Cão manta pequeño (CMB)

O PI motivará o RI a suster o CMB com as duas mãos para que este não caia ao chão.

Posição e função do RI

O RI estará em decúbito supino, com a cabeça apoiada sobre uma almofada. Partilhará o espaço da colchonete com o cão, que repousará de barriga para cima; o lombo do cão deverá apoiar-se no costado do seu corpo e a cabeça sobre o seu braço.

D. 1 Cão manta pequeño (CMB)

Com o CMB em cima da cavidade abdominal e torácica, o RI deverá elevar os seus braços para o poder acariciar, sentindo o seu calor corporal.

Exercícios práticos

Para os membros inferiores

Se trabalhamos com um cão manta de grande porte, devemos colocá-lo ao lado do RI e, neste caso, centraremos a nossa atenção nos membros superiores e no controlo da cabeça.

Se dispomos de um cão manta pequeno, poderíamos realizar o seguinte exercício.

QUE NÃO SE QUEBRE A PONTE

Colocaremos o CMB entre as coxas, seguindo a direção das pernas, com o objetivo de que o RI mantenha as pernas juntas e apertadas para que o cão não caia.

OS EQUILIBRISTAS

Utilizando a PCC. 28 o TIA segurará nas patas traseiras do CM de modo a que fiquem esticadas para cima, enquanto o PI ajudará ou motivará o RI a levantar as suas pernas também.

Uma vez nesta posição, colocaremos algum objeto mole (uma bola de peluche, um bocado, etc.) em cima dos pés do RI e do cão. Quem é que conseguirá aguentar mais?

Para a estimulação cognitiva ou sensorial

ENTREGA DE OBJETOS

O PI entregará um brinquedo canino ao RI (bolas pequenas, peluches ou ossos) na mão do lado oposto ao cão.

O RI deverá cruzar a sua linha média e entregar o objeto na boca do cão, com ou sem ajuda.

Para os membros superiores

UM URSINHO CARINHOSO

O RI e o CM estarão os dois deitados de barriga para cima e com o braço do RI por trás da nuca do cão (não por baixo do lombo, visto que a pressão exercida sobre o membro superior do RI seria excessiva). Este será o momento ideal para se relaxar e acariciar as várias partes do corpo do cão que o RI tenha ao seu alcance.

Cabeça e tronco

SOPRAR NAS PATAS

O cão e o RI colocar-se-ão deitados de barriga para cima. O TIA manipulará um dos membros anteriores do cão através da articulação do cotovelo enquanto o PI convidará o RI a soprar para que os dedos do cão se aprumem.

PCC. 29
CM paralelo ao RI em deitado cefálico

Descrição da PCC

Nesta PCC o RI está em decúbito supino e relaciona-se com o cão que se encontra, por sua vez, deitado em repouso.

Objetivo da PCC

Proporcionar ao RI um aumento da temperatura localizada numa determinada zona do corpo e, ao mesmo tempo, oferecer a sensação de se sentir amado e protegido pelo contacto visual que o cão lhe oferece.

Posicionamento e funções da equipa

Posição e função do cão

O cão manta, entre o TIA e o RI, deverá esperar sentado, à altura dos pés do RI, até o TIA lhe indicar para se deitar em esfinge, paralelamente às pernas do RI. Depois ajudará o TIA com um leve movimento de arrastamento para ir ascendendo pelo corpo do usuario até que a sua cabeça ou o tórax estejam em contacto com as coxas, a cintura pélvica, o abdómen ou o tórax do RI. Para isso, deverá ter o corpo relaxado onde o TIA o colocar.

Nesta PCC, a parte posterior do cão – ou seja, a zona compreendida entre a linha do diafragma até aos quartos traseiros – deverá manter-se paralela ao RI e em contacto íntimo com ele, proporcionando-lhes apoio e calor. O peito e a cabeça do cão estarão (em menor ou maior medida) em cima do corpo do RI, assim como uma das patas anteriores.

A.1 Cão manta pequeño (CMB)

Se queremos posicionar um CMB sobre o corpo do usuário vamos fazê-lo alinhadamente e na direção cefálica. O cão deverá deixar-se levantar e manipular para que o TIA deposite os seus quartos traseiros sobre as coxas, a cintura ou o abdómen do usuário e ele se relaxe a olhar para o RI.

Posição e função do TIA

Antes de começar devemos relembrar o conceito de pontos de pressão. São as zonas do corpo do cão que, segundo a sua posição, exercem uma força considerável sobre uma superfície. Tratam-se de zonas pequenas sobre as quais o peso corporal é apoiado e, pelo tanto, estes pontos não devem estar em contacto direto com o corpo do RI em caso algum, visto que lhe causariam dor.

Nesta PCC, a aproximação do cão ao usuário é tão importante quanto o conhecimento da estrutura do cão para que, durante a colocação dele sobre o RI, se tenham em conta os possíveis pontos de pressão.

Quando o cão esteja colocado paralelamente ao RI, com as patas anteriores alinhadas com a cabeça e as posteriores caindo num dos lados, o TIA pedirá ou manipulará o cão para que apoie e mantenha a cabeça nalguma parte do corpo do RI ("head down"), segundo as indicações do PI.

Caso se queira obter uma maior superfície de contacto e de pressão sobre o corpo do RI, o TIA deslizará uma mão por baixo do peito do cão e elevá-lo-á suavemente para que apoie parte do peito na diagonal sobre o RI: uma das patas anteriores deverá apoiar-se no chão, atuando como pata de pressão, e a outra descansará sobre o RI. O TIA deve assegurar-se que o peso do cão recai no cotovelo da pata que se apoia no chão, mesmo que para isso tenha que o girar ligeiramente.

B.1 Cão manta pequeno

O TIA elevará o cão por baixo das axilas e deverá deslocá-lo no ar (ou levá-lo ao colo) até apoiar suavemente os quartos traseiros do cão sobre o abdómen ou sobre as coxas do RI e depositará a cavidade ventral do cão sobre o abdómen ou sobre o tórax do RI. O TIA deverá estar alerta para que o CMB não caia ao chão.

Posição e função do PI

Este deverá posicionar-se ao lado do RI e explicar-lhe as distintas aproximações que o cão irá realizar. Com a ajuda do TIA, transmitirá as sensações que poderá sentir ao mesmo tempo que supervisionará a sua postura. Por fim, antes de começar o exercício, deverá comprovar que se adapta perfeitamente ao corpo do RI.

Se o objetivo do PI é normalizar ou relaxar a musculatura dos membros inferiores este deverá indicar ao TIA que coloque a cavidade ventral do cão sobre a cintura pélvica do RI; se, pelo contrário, este prefere a relaxação dos músculos dos membros superiores, pedirá ao TIA que coloque o cão sobre o tórax do RI.

C.1 Cão manta pequeño (CMB):

O PI motivará o RI a interatuar com o cão olhando para ele, acariciando-o e segurando nele.

Posição e função do RI

O RI, em decúbito supino e com a cabeça apoiada numa almofada, partilhará o espaço da colchonete com o cão, que deverá manter-se deitado e em contacto com ele.

D.1 Cão manta pequeño (CMB):

Para segurar ou acariciar o CMB, o RI elevará os braços e sentirá o calor corporal que o cão lhe transmite diretamente. Além disso, se olhar para baixo poderá observar o cão e conseguirá estabelecer contacto visual.

Exercícios práticos

Para os membros inferiores

UM PRÉMIO EM CIMA DAS TUAS PERNAS

Com a finalidade de trabalhar o controlo dos membros inferiores do RI, diremos que o cão terá direito a comer um prémio sempre que o RI mantenha uma determinada postura durante um determinado período de tempo (por exemplo, manter as coxas ou a articulação dos joelhos relaxadas/os). Entretanto, o peso da cabeça do cão - enquanto espera pacientemente pela ordem para comer o prémio colocado sobre os membros inferiores do RI - facilitará a tarefa.

Para a estimulação cognitiva ou sensorial

ENTREGA DE PRÉMIOS

O RI entregará uma determinada quantidade de prémios na boca do cão com uma pinça ou uma colher. O cão manta deverá permanecer quieto e em contacto direto com o corpo do RI.

Para os membros superiores

UMA TORRE DE AROS

Motivaremos o RI a procurar uns aros coloridos ou a segui-los com o olhar para colocar sobre a cabeça do cão perfazendo uma bonita torre...até que o cão mexa a cabeça e a fantástica construção caia ao chão!

Cabeça e tronco

CONTACTO VISUAL

Colocaremos o cão manta e o RI de forma a que o contacto visual entre ambos seja fácil. Motivaremos o RI a descobrir disfarces novos que apareçam na cabeça do cão com o olhar: cada vez que se estabeleça um contacto visual correto o TIA colocará uma bandolete decorada com antenas, orelhas, etc. na cabeça do cão.

Capítulo 7

PCC com o RI em decúbito supino com o CM debaixo dele

Descrição básica

Nas PCC que descreveremos a seguir, o cão manta suportará o peso total ou parcial do RI, que estará deitado e bem posicionado de barriga para cima.

Todas estas PCC foram supervisionadas e avaliadas por uma equipa multidisciplinar – formada por profissionais da saúde, TIAs e veterinários – para garantir o bem-estar humano e animal.

Nas PCC seguintes o cão manta estará na posição deitado, ou seja, deitado de lado por baixo do usuário, seja paralela ou perpendicularmente ao RI.

As posições de cão manta debaixo do usuário em paralelo, por serem pouco úteis e pouco práticas, normalmente não se utilizam e, por conseguinte, iremos abster-nos de as comentar.

Em contraste, as PCC com o cão deitado e colocado perpendicularmente por baixo do corpo do RI são habituais e muito úteis.

- PCC.30- CM perpendicular ao RI em tombado ventral na cavidade abdominal

- PCC.31-CM perpendicular ao RI em tombado ventral na cavidade torácica

- PCC.32-CM perpendicular ao RI, deitado no lombo do CM

Benefícios gerais da PCC

O facto de que o usuário esteja deitado de barriga para cima sobre a cavidade torácica ou abdominal do cão vai ajudar o RI se sentir-se protegido e contido sobre uma superfície cálida, facilitando assim a sua relaxação.

Assim, o facto de estar em contacto íntimo com o cão favorecerá a percepção de estímulos olfativos, somáticos e vibráteis.

PCC. 30
CM perpendicular ao RI em tombado ventral na cavidade abdominal

Descrição da PCC

Esta foi a primeira PCC que realizamos no CTAC e, com ela, pudemos comprovar imediatamente a repercussão positiva que tinha na Lucía.

Deitado perpendicularmente, o CM sustentará a cabeça do usuário.

Objetivo da PCC

O RI vai relaxar-se em cima do cão para trabalhar vários aspetos motores, cognitivos ou sensoriais.

Posicionamento e funções da equipa

Posição e função do cão

Nesta PCC o cão manta exercerá a função de suporte animado, sobre o qual o RI irá descansar. Esta nova superfície de apoio na qual o corpo do cão se converte é rica em estímulos sensoriais que causarão um efeito positivo no RI, seja de forma direta – pelo contacto entre o RI e o corpo do cão – ou indireta– pela intervenção do TIA, visto que este pode percutir na cavidade torácica do cão para amplificar algum som ou, por exemplo, também poderá manipular o pelo do cão para produzir outro efeito sonoro.

Por outro lado, os benefícios desta postura variam segundo a zona na qual o contacto se estabelece. Se repousa na zona abdominal, o RI ficará encolhido na cavidade abdominal ouvindo os movimentos peristálticos dos intestinos do cão. Se, pelo contrário, se apoia na cavidade torácica vai ouvir os batimentos cardíacos do cão e a sua respiração.

O cão deverá permanecer tranquilo e relaxado durante todo o processo e deverá deixar-se manipular continuamente.

Posição e função do TIA

O TIA colocará o cão deitado sobre a superfície que o PI indique. Depois deste passo, o posicionamento e a função do TIA serão indispensáveis para a obtenção de resultados positivos. O TIA deverá controlar o cão, supervisionar o seu bem-estar e facilitar a interação com o RI posicionando-se como co-cão manta (CCM).

Posição e função do PI

Quando o cão manta e o TIA já estiverem na sua posição, o PI guiará ou colocará o RI na cavidade torácica ou abdominal do cão, nunca na área entre ambas.

Deverá comprovar que o corpo do RI esteja bem posicionado utilizando – se necessário – cunhas ou um segundo cão manta. Posteriormente, colocar-se-á em qualquer um dos lados do corpo do RI para interatuar com ele ou para facilitar a interação com o cão.

Posição e função do RI

O RI deverá deitar-se ou será encostado suavemente sobre a zona do corpo do cão previamente acordada. O PI ajudá-lo-á a posicioná-lo corretamente.

Nesta posição, a aproximação e colocação deverá iniciar-se sempre a partir da zona ventral do cão. O RI deverá inclinar-se sobre o corpo do cão na cavidade ventral, principalmente, por dois motivos:

- É uma superfície anatómica adaptável ao RI. A cavidade abdominal é um plano inclinado que se adapta perfeitamente à inclinação do RI quando este se deita.

- Segundo, porque exerce um efeito de contenção. O RI ficará abrigado entre o corpo do cão e os seus quatro membros.

Podemos afirmar que normalmente a perceção de relaxação é imediata. O contacto íntimo com o pelo do cão, os estímulos sensoriais que ele lhe transmite como, por exemplo, os movimentos peristálticos dos intestinos, o som da respiração, a percussão do coração a bater, o sentir-se abrigado por uma superfície viva, quente e protetora conduz o RI a uma relaxação quase imediata.

Exercicios práticos

Para os membros inferiores

O trabalho dos membros inferiores nesta PCC é limitado. No entanto, existe a possibilidade de a combinar com outra PCC, com um segundo cão manta (ver mais à frente).

Para a estimulação cognitiva ou sensorial

JOGO DE PATAS

O RI estará encostado a partir da parte ventral do cão e repousará a cabeça sobre o abdómen do CM. Vamos animá-lo a agarrar as patas dianteiras do cão com as mãos, enquanto o TIA as manipula para que estejam mais perto dele. Também lhe podemos sugerir que acaricie as patas traseiras, que estarão perto do seu corpo.

O TIA, através da manipulação das patas do cão - com as almofadas das patas, o pelo ou as unhas - pode acariciar várias partes do corpo do RI

Para os membros superiores

AROS PARA O RABO

O PI, posicionado no lado do membro superior que pretenda trabalhar, mostrará uns aros coloridos ao RI para que os observe, os agarre e, cruzando a linha média do seu corpo, os coloque no rabo do cão – que o TIA estará a segurar.

Também se poderia realizar o exercício ao contrário: o RI, com a ajuda do PI, tirava os aros do rabo do cão e, com a ajuda do TIA, colocava-os na pata.

Cabeça e tronco

BOMMMMMMBA!

Inicia-se o exercício com o TIA colocado na posição inicial e o PI em frente ao RI, motivando-o a estender os braços na sua direção, para que lhe poder segurar nas mãos com força. Este levantá-lo-á lentamente, tentando que o tronco e a cabeça do RI se mantenham alinhadas. Antes que a sua coluna vertebral se torne flácida, vai acompanhá-lo suavemente até o apoiar de novo sobre a superfície mole do abdómen do cão.

A descida será controlada pelo PI e nunca se deverá produzir uma queda livre. Não obstante, o TIA deverá ter as mãos perto da zona de contacto para proteger o cão.

PCC. 31
CM perpendicular ao RI em tombado ventral na cavidade torácica

Descrição da PCC

O CM, deitado perpendicularmente em relação ao RI, sustentará a cabeça ou o dorso do usuário na zona torácica.

Objetivo da PCC

O RI exercitará o seu tónus muscular cervical, adquirindo uma maior destreza nos movimentos de rotação da cabeça.

Posicionamento e funções da equipa

Posição e função do cão

O cão manta permanecerá deitado de lado e deverá deixar que o TIA manipule as várias partes do seu corpo como a cabeça, o rabo ou as patas.

Para manipular a cabeça do cão, o TIA deverá elevar-se e colocar ambas as mãos lateralmente na cabeça do cão, sem perder o ponto de contacto com ele através dos joelhos. Imprimirá, suavemente, um movimento de rotação e ascensão até estabelecer contacto com o RI como, por exemplo, um beijo de narizes ou um prémio na boca.

Posição e função do TIA

O TIA deverá posicionar-se atrás do cão manta para lhe dar suporte e segurança, ao mesmo tempo que facilitará a interação com o RI.

Posição e função do PI

O PI deverá colocar-se ao lado do RI e no lugar mais apropriado tendo em conta os objetivos terapêuticos estabelecidos.

Posição e função do RI

Nesta PCC, o sujeito vai apoiar-se na cavidade torácica, uma superfície convexa, mais rígida e menos adaptável à superfície do corpo humano em contraste com a PCC.30, na qual o RI se apoiava na cavidade abdominal, uma superfície côncava que acolhia e protegia a cabeça.

Isto significa que o RI deverá ter um maior controlo cervical para manter a postura, apesar de que, por sua vez, a superfície torácica lhe facilite a realização de movimentos de rotação a cabeça.

Esta PCC, em contraste com a anterior, permitirá ao RI apoiar não só a cabeça como também a parte superior do torso, ficando em semi-sedestação.

Deveremos esforçar-nos no sentido de realizar um trabalho simétrico ("agora olho para a direita e depois para a esquerda"), ou posicionar a criança de forma a ter de olhar na direção do lado mais afetado, para o reforçar.

Neste caso, os sons que o RI oiça provirão da caixa torácica do cão: a respiração, o bater do coração ou a percussão que o TIA realize sobre a cavidade.

Exercicios práticos

Para os membros inferiores

O trabalho dos membros inferiores nesta PCC é limitado. No entanto, podemos combiná-la com outra PCC utilizando um segundo cão manta (ver mais à frente).

Para a estimulação sensorial

TEXTURAS NOVAS

O RI poderá descobrir diferentes texturas no corpo do cão através do toque: o focinho frio e húmido, os dentes finos e duros, os lábios quentes e pegajosos, as orelhas carnudas e suaves, etc. O PI deverá ajudá-lo a percorrer as áreas indicadas.

Para os membros superiores

EU ESCOLHO

O PI indicará ao RI, através de pictogramas ou objetos, duas ações possíveis para realizar com o cão a partir desta posição. Por exemplo: dar-lhe um prémio na boca ou um beijo na orelha.

O RI deverá escolher, através do olhar ou com os membros superiores, que atividade quer realizar.

Cabeça e tronco

CÓCEGAS OU BEIJOS

Cada vez que o RI olhe na direção da cabeça do cão dará de caras com o focinho, que lhe dará um beijo na bochecha. Cada vez que olhe na direção do rabo, este vai fazer-lhe cócegas na cara.

PCC. 32
CM perpendicular ao RI e tombado no lombo do CM

Descrição da PCC

O CM, deitado perpendicularmente ao RI, sustentará as pernas ou os pés descalços do RI sobre o seu lombo.

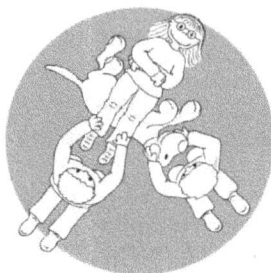

Objetivo da PCC

Trabalhar as pernas e os pés estimulando-os num plano sensorial e proprioceptivo.

Posicionamento e funções da equipa

Posição e função do cão

Para esta PCC, temos de ter e contra que os pés do RI deverão estar sempre à altura do lombo do cão

Se quisermos apoiar apenas os pés do RI, o cão deverá estar deitado de lado, perpendicularmente ao usuário e com o lombo de frente para ele, para que deste modo os pés nunca se apoiem no abdómen do cão mas sim nas suas costas.

Se queremos que o RI apoie os seus membros inferiores no corpo do cão, construiremos esta postura a partir da posição de deitado ventral, para que as pernas do RI passem por cima do corpo do cão e os pés descalços fiquem pendurados sobre o lombo.

Nunca e em caso algum colocaremos o cão na posição de decúbito supino ou de barriga para cima, pois isto poderia ter consequências indesejáveis para o seu bem-estar.

O pelo do cão proporcionará calor, estímulos sensoriais e propriocetivos ao RI e também o ajudará a normalizar o seu tónus muscular.

É importante que o cão mantenha esta posição apesar de que se produza um leve aumento da pressão por parte dos pés do RI ou que possa sentir cócegas quando o RI lhe acaricie o pelo com os pés.

Posição e função do TIA

Se desejamos que o RI apoie apenas os pés sobre o lombo do cão, o TIA deverá colocar-se de cócoras na parte ventral do cão, entre os membros anteriores e posteriores, para proteger, se necessário, a cavidade abdominal do cão.

Ao mesmo tempo, ajudará o PI e o RI a saber que partes podem ser acariciadas ou tocadas com os pés. Desta forma, o TIA manipulará a cabeça e o rabo do cão para que possam dar beijos ou carícias nos pés do RI, proporcionando-lhe assim sensações gratificantes.

Em contraste, se queremos que coloque os membros inferiores sobre o cão, o TIA deverá colocar-se de frente para o RI mas ao lado do lombo do cão, com as duas mãos perto das pernas do RI, para que não se produza nenhuma situação indesejada, como por exemplo:

- Que o RI levante a coxa e a deixe cair com força (patada). Se isto ocorre, o TIA não poderá manipular os membros do RI, mas deverá colocar a mão rapidamente por baixo da perna do RI para travar o golpe e evitar que recaia sobre o cão.

- Se o RI realiza uma flexão da perna e a puxa o corpo do cão; o TIA deverá estar atento para impedir que impacte posteriormente no abdómen do cão. Para isso, o TIA não poderá manipular as pernas do RI mas colocará a mão por baixo do pé do RI para travar o movimento.

Em todo o caso, o TIA poderá avisar o PI e deslizar o cão para o tirar de uma situação descontrolada.

Posição e função do PI

Colocado atrás do RI para lhe dar o apoio necessário, deverá motivá-lo a interagir com o cão e manipulará os seus membros inferiores caso seja necessário.

Posição e função do RI

Sentado no chão e encostado ao PI, ou deitado sobre um segundo cão manta como na PCC.30/31, colocará os pés ou as pernas sobre o lombo do cão manta para o poder acariciar, empurrar ou sentir.

Exercicios práticos

Para os membros inferiores

MOLAS MENSAGEIRAS

Colocaremos molas da roupa coloridas espalhadas no corpo do cão manta, cada uma com uma mensagem escrita num papel.

Vamos convidar o RI a tirar-lhe as molas com os pés. Cada vez que o RI consiga tirar uma, o PI e o TIA deverão ler a mensagem e a ação escrita deverá ser realizada: que o RI dê um prémio ao cão com a colher; que o cão dê um beijinho nos pés do RI; que o RI coloque um autocolante na cabeça do cão; que o RI coloque um autocolante no nariz do cão; etc.

UMA SUAVE MASSAGEM

Com os pés descalços e apoiados no cão, motivaremos o RI a fazer-lhe uma suave massagem: perpendicular ao cão e alternando os pés ou movendo-os suavemente ao longo do lombo. Que contente e relaxado estará o CM, talvez lhe dê um beijinho!

Para a estimulação cognitiva ou sensorial

TENHO-TE AQUI

Com o cão na posição tombado ventral relativamente ao RI e este sentado no chão e junto ao abdómen do cão, colocará as pernas em cima do corpo do cão manta até que fiquem penduradas no outro lado do lombo.

Motivaremos o RI a fazer força com as pernas em sentido descendente para evitar que o cão escape, tudo isto com ajuda do TIA que fará com que o RI veja que ele está a puxar as pernas do cão suavemente na sua direção.

O leve movimento que surge, fruto da tração que o TIA exerce nas patas do cão, será suficiente para que o RI sinta que tem que fazer um grande esforço para que o cão não fuja de debaixo dos seus pés.

Para os membros superiores

ACARICIAR E DECORAR

O cão colocar-se-á na posição de deitado ventral relativamente ao RI. Este deverá sentar-se no chão junto do abdómen do cão e colocará as pernas por cima do corpo do cão manta até que elas caiam do outro lado do lombo.

De seguida, convidaremos o RI a apoiar as duas mãos no pelo do cão para que o acaricie, para que lhe dê um banho com espuma seca ou lhe coloque adereços ou autocolantes.

Cabeça e tronco

PÉS PARA CIMA

O cão deverá posicionar-se em tombado dorsal aos pés do RI enquanto este se posiciona em decúbito supino encostado a uma cunha ou a um segundo cão manta. Convidá-lo-emos a colocar os seus pés sobre o lombo do cão manta, com ou sem a ajuda do PI.

Capítulo 8

PCC com o RI em decúbito ventral e o cão manta em cima dele

Descrição

O RI deverá colocar-se em decúbito ventral e poderemos eligir entre as PCC nas quais o cão manta se apoia de forma total ou parcial sobre o corpo do usuário, com a finalidade de obter alguns benefícios terapêuticos.

Nestas posturas, o PI posicionará o RI em primeiro lugar, visto que o cão se posicionará em cima dele.

Depois, o TIA manipulará o cão manta de forma suave e segura, para que este repouse total ou parcialmente sobre o corpo do RI.

Assim, o cão manta poderá estar em cima do RI, paralela ou perpendicularmente a ele, para trabalhar diferentes objetivos terapêuticos.

Desta forma, segundo a posição que o cão manta adote – deitado ou tombado – e em função da sua colocação no espaço relativamente ao RI, teremos as seguintes PCC:

PCC.33- CM alinhado com o RI e em posição deitado
PCC.34-CM perpendicular ao RI e em tombado ou deitado
PCC.35-CM paralelo ao RI e em tombado dorsal
PCC.36-CM paralelo ao RI e em tombado ventral

Benefícios gerais

O principal benefício que obteremos ao colocar o cão em cima do RI na posição de decúbito ventral é produzir um efeito relaxante, tranquilizante e de contenção.

Também proporcionará um estímulo propriceptivo e ajudará na obtenção de um padrão extensor a nível dorsal e de um controlo generalizado do tronco.

Além disso podemos utilizar esta posição como uma potente normalizadora do tónus muscular de usuários distónicos ou discinéticos, ao mesmo tempo que oferecerá uma ampla superfície de interação em frente ao RI onde este poderá utilizar as suas mãos.

PCC. 33
CM alinhado com o RI e em posição deitado

Descrição da PCC

Colocaremos um cão manta de pequeno porte (CMB) e com pouco peso nas costas do RI.

Objetivo da PCC

Proporcionar um estímulo propriocetivo e aumentar o estímulo extensor na zona dorsal do RI.

Posicionamento e funções da equipa

Posição e função do cão

É importante que o cão se mantenha quieto na posição na qual o TIA o coloque, ou seja, que não se mexa da posição em que ele o coloque em cima das costas do RI.

A partir do momento no qual o TIA o agarra com as mãos, deverá permanecer imóvel enquanto o colocam alinhado com a coluna vertebral do RI, ao longo das vértebras dorsais.

Apesar de utilizarmos um cão manta pequeno e com um baixo peso corporal devemos ter bem presentes quais os pontos de pressão que resultarão do apoio dos cotovelos e dos tendões nas costas do RI. Por este motivo, uma vez que o cão já se encontra colocado, o TIA separará suavemente os membros anteriores e posteriores para que, aumentando o ângulo de abertura, estes descansem em ambos os lados do tronco do RI e, deste modo, apenas se apoiem as cavidades torácica e abdominal sobre o RI.

Posição e função do TIA

O RI deverá deitar-se numa cunha. O TIA entrará e deverá situar-se em frente a ele com o cão na posição de deitado para a saudação. Depois, colocar-se-á no lado oposto ao PI e, pegando o cão ao colo, deverá elevá-lo e colocá-lo suavemente nas costas do RI.

Para o elevar deverá colocar uma das mãos por baixo do peito do cão e a outra por baixo dos seus quartos traseiros. Assim, com o cão bem seguro, elevá-lo-á até à linha média das costas do RI, ao longo da coluna vertebral.

Quando o PI o indique, o TIA depositará suavemente as patas anteriores do cão, apoiando-se cada uma num lado da coluna vertebral e descansando, aproximadamente, à altura das escápulas.

Posteriormente, o TIA baixará os quartos traseiros do cão, depositando-os também em ambos lados da coluna vertebral.

O TIA manipulará os quatro membros do cão para que fiquem pendurados em ambos lados do tronco do RI, de modo a evitar que os pontos de pressão recaiam nas costas do RI.

É importante que o TIA mantenha as mãos no cão durante toda a posição de modo a reduzir o peso que ele exerce nas costas do usuário, se o PI assim o solicita.

Para desfazer a PCC o TIA deverá agarrar no cão e elevá-lo para o retirar.

Posição e função do PI

Supervisionará a colocação do RI sobre a cunha e, posteriormente, guiará o TIA na colocação do cão nas costas do RI. Esta supervisão deverá ser mantida não apenas no momento da colocação do cão mas também durante toda a PCC.

Estimulará o RI a levantar a cabeça ou a girá-la em ambos os sentidos para procurar um objeto ou receber beijos do cão.

Posição e função do RI

Deitado de barriga para baixo, em decúbito ventral, e numa superfície inclinada como uma cunha, sustentará ativamente o corpo do cão manta pequeno (CMB) ao mesmo tempo que interatuará com ele através de lambidelas que este lhe possa dar na nuca ou nos pavilhões auditivos. A colocação da PCC em frente a um espelho aumentará as possibilidades de interação entre o RI e o cão manta.

Exercicios práticos

Para os membros inferiores

O trabalho dos membros inferiores não está contemplado nesta PCC.

Para a estimulação cognitiva ou sensorial

SEGREDOS NA ORELHA

O CMB contará um pequeno segredo diretamente na orelha do RI, enquanto este se aproxima girando ligeiramente a cabeça.

Para os membros superiores

UM PRÉMIO PELO LENÇO CORRETO

Ao iniciar o exercício, o CMB – com um lenço colorido atado no pescoço – deverá apresentar-se ao RI, que estará deitado de barriga para baixo numa cunha. Enquanto o CMB, com a ajuda do TIA e do PI, se coloca nas costas do RI, este deverá lembrar-se da cor do lenço. Depois, quando o PI lhe mostre vários lenços a diferentes alturas ou distâncias, o RI deverá agarrar no que seja da mesma cor do que o cão tinha no pescoço.

Cabeça e tronco

DISFARÇAR A BLASA

Em frente ao RI colocaremos vários chapéus e através de uma indicação (que pode ser feita com o dedo ou com o olhar) colocaremos esses chapéus no cão. Está bonito? Fica-lhe bem? Vamos experimentar outro...

PCC. 34
CM perpendicular ao RI e em deitado ou tombado

Descrição da PCC

PCC com o RI deitado de barriga para baixo, isto é: em decúbito ventral e com o cão manta deitado perpendicularmente sobre determinada zona do seu corpo.

Objetivo da PCC

Proporcionar um estímulo propriocetivo ao RI e incrementar a temperatura local, facilitando a relaxação muscular.

Posicionamento e funções da equipa

Posição e função do cão

O cão deverá permanecer sobre o RI na posição em que o TIA o deposite. Poderá estar encostado aos membros inferiores ou, se se trata de um cão manta pequeno (CMB) e pouco pesado, poderemos colocá-lo deitado sobre a região lombar do RI.

Em cada uma destas posições, o cão manta estará situado perpendicularmente ao usuário, com o corpo em contacto com o RI e os membros anteriores e posteriores relaxados em ambos lados do corpo do RI, de modo a aumentar a superfície de contacto entre os dois e evitar que os pontos de pressão incidam sobre o RI.

No caso do CMB, depois de uma saudação por parte da UI ao RI, o cão – com a ajuda do TIA – elevar-se-á e baixará lentamente até estar apoiado sobre a zona lombar do RI. O TIA fará a extensão dos quatro membros do cão para que descansem em ambos lados do corpo do RI.

Se se trata de um cão de grande porte, depois da saudação, este deverá deitar-se na posição de esfinge, perpendicularmente ao RI e à altura dos seus membros inferiores (indicado pelo TIA) e com o focinho perto das pernas.

O TIA deverá manipulá-lo para que a parte anterior passe por cima das pernas do RI e o corpo do cão mante deslize seguindo a tração das patas dianteiras. Finalmente, quando as patas anteriores baixem lentamente com a ajuda do TIA, o corpo repousará nas pernas do RI.

Nesta posição, o TIA comprovará que os pontos de pressão (cotovelos e joelhos) estão apoiados no chão ou na colchonete. Devemos ter em conta que esta posição é pouco habitual, visto que está deitado sobre uma superfície avultada.

Para desfazer a PCC, no caso do CMB, elevaremos o cão sustentando-o com ambas as mãos.

Se se trata de um cão de maior porte devemos, agarrando-o perto do tronco pelas patas anteriores, elevá-las e, imprimindo-lhe um movimento de rotação externa de 90º sobre os seus quartos traseiros, distanciá-lo do corpo do RI.

Posição e função do TIA

Depois do que expusemos anteriormente, afirmamos de forma clara que a forma como o TIA deverá proceder dependerá do tipo de cão manta com o qual está a trabalhar.

Se se trata de um CMB, o TIA sustentará o cão pela parte anterior e posterior agarrando as quatro patas ao mesmo tempo para evitar que tenham contacto com o corpo do RI. Com o consentimento do PI, deverá depositá-lo perpendicularmente ao RI, sobre a sua zona lombar.

De seguida, o TIA fará a extensão das patas anteriores e posteriores do cão para que estas repousem em ambos lados do corpo do RI.

Se o TIA trabalha com um cão de maior porte, deverá colocar o cão em posição de esfinge, perpendicularmente às pernas do RI.

Em pé e do outro lado das pernas do usuário, o TIA agarrará nas patas dianteiras do cão, perto das axilas, e deverá elevá-las 30º, aproximadamente, e puxar suavemente para cima e no seu sentido, ajudando o corpo do cão a deslizar, passando por cima das pernas do RI.

Nesse momento o TIA fará com que as patas dianteiras caiam, para que a cavidade ventral do cão se apoie nas pernas do usuário.

Posição e função do PI

O PI supervisionará a aproximação do cão ao usuário e comprovará que este se adapta anatomicamente a ele.

Depois, deverá colocar-se no lado oposto ao TIA e motivará o RI a mexer as pernas ou o tronco para interatuar com o cão, por exemplo, balançando-o; ou ajudará o RI a perceber e entender que tem o cão em cima do seu corpo.

Posição e função do RI

O RI estará deitado de barriga para baixo numa superfície anatomicamente adequada que lhe proporcione uma posição confortável e estável.

Antes de proceder à realização da PCC, o RI deverá ter a possibilidade de saudar o cão através de um gesto ou de forma verbal, dado que durante a PCC não o poderá ver.

Podemos combinar esta PCC com um segundo CM e, assim, enquanto um CM está em cima do RI, este poderá interatuar com o segundo cão, que está à sua frente.

Exercicios práticos

Para os membros inferiores

BALANÇA-ME

Com o CMB deitado num ou nos dois membros inferiores, motivaremos os RI a mexer as pernas para balançar o cão.

Para a estimulação cognitiva ou sensorial

RELAXA-ME

O CMB, deitado perpendicularmente na zona lombar do usuário, proporcionará calor e relaxação aos músculos do RI.

Para os membros superiores

Esta PCC não contempla o trabalho direto dos membros superiores.

No entanto, de forma indireta, aproveitaremos o estímulo propriocetivo que o cão manta exerce no RI para favorecer a extensão dos braços.

PREPARAÇÃO DO PEQUENO-ALMOÇO

O RI estará deitado de barriga para baixo numa cunha adaptada e o CM deverá colocar-se perpendicularmente e em cima das suas pernas. Pediremos ao RI que prepare um prato de comida ao cão.

Para isso, o PI segurará num recipiente com prémios ao lado do usuário e o TIA, no lado oposto, segurará no prato. O RI deverá realizar a extensão do braço para agarrar num premio com a mão e cruzar a sua linha média, levando-o até ao prato.

Quando a comida estiver pronta, o cão sairá da PCC para tomar o pequeno-almoço, tudo isto perante o olhar atento do RI.

Cabeça e tronco

Utilização indireta da PCC: aproveitando os benefícios desta PCC, o PI planificará vários objetivos de modo a trabalhar o tronco e a cabeça, de forma convencional ou através da ajuda de um segundo cão manta.

UMA TORRE DE AROS

Com o RI em decúbito ventral e o CMB em cima dele, deverá colocar em cima da cabeça ou do lombo de um segundo cão manta aros de felpo que o PI lhe entregará a diferentes distâncias ou alturas.

PCC. 35
CM paralelo ao RI e em tombado dorsal

Descrição da PCC

O CM estará tombado, paralelamente ao RI, e repousará o pescoço no braço do usuário.

Objetivo da PCC

Facilitar a relaxação do RI através de uma contenção leve do cão manta.

Posicionamento e funções da equipa

Posição e função do cão

Normalmente utilizaremos esta PCC quando o RI estiver deitado de barriga para baixo, com uma atitude tensa e sem interesse de interatuar com o cão. A aproximação terá que ser lenta e respeituosa tanto para o usuário como para o cão.

O cão manta deverá aproximar-se ao RI, paralelamente a ele, na direção céfalocaudal (desde os pés até à cabeça do RI) e a uma distância maior do que um metro para não intimidar o RI. Perante a ordem do TIA, deverá parar e deitar-se de lado, com as patas para fora, na direção do TIA, e o lombo de frente para o RI. O TIA fará uma manobra de aproximação ao RI e colocará o dorso do cão em contacto com o costado do RI.

O cão manta deixará o TIA manipular a sua cabeça para a apoiar no braço em extensão do RI e, assim colocado, descansar.

Posição e função do TIA

O TIA entrará com o cão na sala e deverá parar a uma certa distância do RI. Colocará o cão na posição "quieto" e "sentado" para saudar, à distância, o RI.

Depois pedirá ao cão que se tombe, ao lado de um dos costados do RI. Para facilitar que o dorso do cão entre em contacto com o costado do RI, o TIA colocará uma das suas mãos no peito e a outra nos quartos traseiros do cão, empurrando-o na direção do RI.

O TIA permanecerá de joelhos junto à cavidade ventral o cão, para evitar possíveis deslocamentos laterais dele, ao mesmo tempo que protegerá a cabeça e a garupa do cão com as mãos, para prevenir possíveis movimentos do RI.

Quando o PI considere oportuno continuar com a PCC para facilitar uma contenção suave do RI, o TIA passará uma das mãos por baixo do pescoço do cão para lhe segurar a cabeça e, com a ajuda da outra mão colocada nos quartos traseiros do cão, imprimirá um movimento simultâneo de elevação da cabeça e deslocamento longitudinal do corpo do cão. Desta forma, a cabeça passará por cima do braço em extensão do RI e o cão, finalmente, poderá descansar placidamente sobre o RI, contendo-o.

Para desfazer a PCC, o TIA, utilizando ambas as mãos, susterá a cabeça do cão até o RI tirar o braço debaixo. Depois, colocará as mãos no dorso do cão exercendo tração na sua direção, de modo a que o cão se separe do RI.

Posteriormente, dará a ordem para se deitar em posição de esfinge, mantendo-se assim quieto à espera de uma nova PCC.

Posição e função do PI

O PI deverá colocar-se perto do RI, normalmente do lado oposto à unidade de intervenção (formada pelo cão manta e o TIA), para ter uma boa visão do RI e poder intervir - seja antecipando-lhe as interações, reconduzindo-o, relaxando-o ou estimulando-o para interatuar com o cão.

Posição e função do RI

O RI deitar-se-á de barriga para baixo numa colchonete ou numa superfície adequada e deverá esperar que o cão manta se acomode num dos lados do seu corpo. Segundo o grau de interesse ou aceitação, o RI rodará a cabeça para um dos lados para observar, ou não, o cão. O facto de que o cão esteja de costas para o RI fará com que este não se sinta intimidado pela presença da cara do cão tão perto e à sua frente.

Por outro lado, o RI terá a nuca do cão repousando sobre o seu braço em extensão; nunca a cabeça por ser demasiado pesada. Desta forma, sem imprimir demasiada pressão, o RI será brindado pela estimulação propriocetiva e por um aumento localizado da temperatura, não apenas no braço mas em todo esse lado do corpo.

Exercicios práticos

Para os membros inferiores

Nesta PCC não se contempla o trabalho dos membros inferiores.

Para a estimulação cognitiva ou sensorial

PIANO, PIANO

Colocaremos, perto da mão do RI, um piano de brinquedo para que ele e o PI interatuem através da música, enquanto o cão descansa a cabeça placidamente sobre o cotovelo do RI.

Para os membros superiores

Com esta PCC obteremos uma estimulação sensorial e propriocetiva do membro superior do RI de forma passiva, pelo contacto direto do cão manta com o RI - não através da sua participação ativa.

Cabeça e tronco

ROTAÇÕES LATERAIS

Convidaremos o RI a rodar a cabeça para procurar o cão. Cada vez que isto aconteça, receberá um estímulo, por exemplo: colocaremos um aro na cabeça do cão formando uma torre ou poremos um autocolante colorido no seu pelo, etc.

PCC. 36
CM paralelo ao RI e em tombado ventral

Descrição da PCC

O cão manta descansará paralelamente ao RI. Este deverá abraçá-lo com um dos membros superiores enquanto o cão permanece unido a ele através dos membros anteriores e posteriores que estão livres.

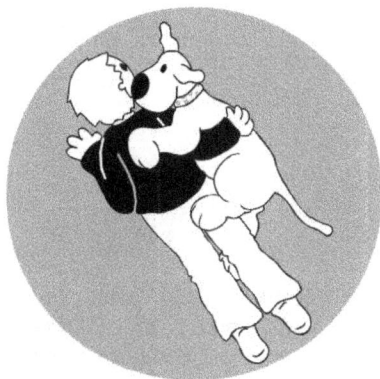

Objetivo da PCC

O cão partilhará um espaço de relaxação e intimidade com o RI.

Posicionamento e funções da equipa

Posição e funções do cão

O cão manta, guiado pelo TIA, deverá aproximar-se até à distância ótima para que o RI não se sobressalte, respeitando o seu espaço vital. Quando o PI considere adequado, o cão deverá deitar-se em esfinge entre o RI e o TIA, à altura dos membros inferiores do RI, esperando que o TIA o manipule para o posicionar corretamente.

Lentamente, o cão subirá rastejando ou com a ajuda do TIA, aproximadamente a meio metro do corpo do RI, até à altura da cintura escapular. Ajudado pelo TIA, o cão manta tombar-se-á de lado, de forma que o seu dorso fique ao lado do RI.

O TIA fará com que o cão gire 180º sobre o seu lombo de tal forma que a sua barriga fique de frente para o corpo do RI; os membros anterior e posterior que estão em contacto com o chão ficam encolhidos ou acoplados ao corpo do usuário e os membros que estão em cima descansarão nas costas e nas pernas do RI.

A cabeça do cão e do RI ficarão alinhadas assim como o focinho do cão, com tudo o que representa tanto de positivo como de negativo. Se bem que esta PCC favorece o contacto visual entre os dois, também permitirá uma estimulação sensorial intensa. No entanto, esta PCC não deverá constar no planeamento do início de um programa de terapia com pessoas que tenham medo ao cão.

Posição e função do TIA

O TIA, com a autorização do PI, aproximará o cão manta até à distância crítica do RI para realizar uma saudação formal como apresentação.

Depois, deverá colocar-se de cócoras, perpendicularmente ao RI e à altura da sua cintura, e ordenar ao cão que se sente à altura dos pés do RI, entre o TIA e o RI, a uma distância de 40 cm dele.

De seguida, puxará suavemente pelas patas dianteiras do cão para que este passe da posição sentado a deitado em esfinge. Devemos destacar que apesar de que o TIA possa dar a ordem gestual ao cão para se deitar em esfinge, normalmente a manipulação é preferível.

Desta forma conseguimos:

• Transmitir ao cão manta que nas posições perto do RI deve deixar-se manipular. Assim o cão entra num estado de relaxação, pois não deve estar num estado de alerta à espera para ouvir ou receber ordens por parte do seu TIA.

• Evitar possíveis incidências involuntárias do cão no RI, visto que os movimentos do cão são controlados através da manipulação, dando uma sensação de maior controlo.

Posteriormente, o TIA segurará no tronco com as duas mãos e deslocará o cão longitudinalmente até que a sua cabeça ultrapasse a linha da cintura escapular do RI. A partir desta posição, o TIA deverá manipulá-lo para que este adote a postura deitado lateral com o seu dorso contra o RI.

Quando o PI o considere adequado, o TIA segurará nas patas anteriores com uma mão, nas posteriores com a outra e rodará o corpo do cão manta longitudinalmente até que a cavidade ventral do cão fique de frente para RI.

Depois, o TIA colocará as patas anteriores: uma nas costas do RI e a outra debaixo da nuca do RI ou encolhida entre o corpo do cão e do RI.

Por último, colocará as patas posteriores: uma na parte posterior das coxas do RI e a outra entre as suas pernas (evitando que os joelhos do RI toquem na pata do cão) ou no espaço existente entre os dois corpos.

Para facilitar e controlar esta PCC, o TIA estará de cócoras e sustentará o cão colocando os seus joelhos no espaço dorsal (posição CCM), o espaço existente entre as costas do cão e o chão.

Para desfazer a PCC, o TIA segurará as patas anteriores com uma mão e as posteriores com a outra e, ao mesmo tempo, separará os seus joelhos do corpo do cão e puxará suavemente para si de forma a rodar o seu corpo do cão. Depois deve deslocá-lo lateralmente para que ele deixe de estar em contacto com o RI.

Posição e função do PI

O PI deverá situar-se no lado oposto à UI e dirigirá a aproximação do cão manta. Também guiará e acompanhará as sensações do RI, facilitando a sua relaxação com o cão.

Posição e função do RI

Estará em decúbito ventral numa superfície apropriada e com os elementos necessários para que mantenha uma posição correta. Opcionalmente, o RI poderá acariciar o rosto do cão manta com o braço que está mais perto dele ou colocá-lo por cima do seu corpo.

Exercicios práticos

Para os membros inferiores

LEVANTA-ME A PATA

Acariciaremos suavemente a coxa do RI, com a pata do cão, exercendo uma maior ou menor pressão.

Motivaremos o RI a levantar a perna na qual a pata do cão se está a apoiar.

MUSICA PARA O MEU CÃO

Acariciando a coxa do RI, o cão "pedirá" música ao RI. O TIA e o PI deverão colocar estrategicamente um piano (de brinquedo, para crianças) por baixo dos pés do RI; assim a criança poderá oferecer uma doce melodia ao cão.

Para a estimulação cognitiva ou sensorial

ONDE É QUE ESTÁ?

Com o RI e o cão frente a frente, alternadamente taparemos a cara do cão ou a do RI com um lenço enquanto perguntamos: "Onde está...? O RI tirará o lenço da cara ou esperará até que o PI ou o TIA o surpreendam tirando-o.

Para os mebros superiores

UMA ABRAÇO CARINHOSO

Motivaremos o RI a abraçar o cão, enquanto ambos se olham olhos nos olhos.

Cabeça e tronco

UM PRÉMIO
Convidaremos o RI a rodar a cabeça de um lado ao outro, olhando para o recipiente com prémios que está num lado e depois para o cão que está no outro - para que o PI e o TIA lhe entreguem um.

CAPÍTULO 9

PCC com o RI em decúbito ventral e o CM debaixo dele

Descrição básica

As PCC que descreveremos em seguida têm em comum o facto de o RI estar posicionado de barriga para baixo – ou seja, em decúbito ventral – e deitar-se sobre o corpo do cão que está deitado lateralmente, em esfinge ou em decúbito supino.

Devemos destacar a importância de que o cão atue como um bom cão manta, isto é: que mantenha a posição o tempo necessário e requerido pela equipa. Imaginemos, por um momento, o que implicaria que durante uma PCC o cão se mexesse ou se levantasse inesperadamente.

Para evitar uma situação semelhante é importante contar com um bom exemplar, que o TIA se posicione de forma correta para dar confiança ao cão e, ao mesmo tempo, que mantenha o controlo sobre ele.

Nestas PCC, coloca-se o cão manta primeiro e, depois, o RI posiciona-se em cima dele com ajuda por parte do PI.

Desta forma, segundo a posição que o cão manta adote (tombado, deitado ou em decúbito supino) e em função da sua posição no espaço, obteremos as seguintes PCC:

PCC 37-CM alinhado com o RI e em decúbito supino cefálico
PCC 38-CM alinhado com o RI e em deitado caudal
PCC 39-CM perpendicular ao RI e em tombado dorsal
PCC 40-CM perpendicular ao RI e em tombado ventral
PCC 41-CM alinhado à distância com o RI e em esfinge ou decúbito supino

Benefícios gerais

Gostava de contar um episódio curioso que a Ariana me contou - uma menina muito bonita com paralisia cerebral e um tónus muscular muito espástico que lhe dificultava os movimentos - e a sua fisioterapeuta ao avaliar as sessões de TAA que tinham realizado durante alguns meses.

A terapeuta comentou-me que, basicamente, os exercícios que realizávamos com o cão se poderiam realizar de forma idêntica através de várias técnicas. Este comentário apanhou-me de surpresa e pensei que já não lhe interessava seguir com as TAA para esta RI.

No entanto, ela continuou dizendo que com as TAA não se faziam apenas os exercícios e se atingiam os objetivos propostos como também a menina podia realizar os exercícios divertindo-se e rindo-se. Este constituía um motivo mais que suficiente para que a terapeuta decidisse continuar com as TAA, para alegria da criança.

Os benefícios que o RI receberá serão extraordinários; existem poucas superfícies de trabalho que permitam exercitar e divertir-se dentro da própria sessão.

Alguns deles são:

- Sensação de estar envolvido por uma superfície quente e suave que, simultaneamente, estimulará e relaxará o RI.

- Aumentar as sensações próprias do corpo do RI através dos estímulos somáticos, por exemplo através da massagem somática, do calor ou da pressão.

- Também teremos em conta os estímulos vibráteis, proporcionando ao RI poder sentir a respiração do cão, o bater do coração ou os movimentos peristálticos na cavidade abdominal.

- Estimular o controlo da cabeça e do tronco do RI.

PCC. 37
CM alinhado com o RI e em decúbito supino cefálico

Descrição da PCC

Devemos enfatizar que apesar de que esta PCC seja alvo de uma relevância especial pelos vários aspetos que se podem trabalhar através dela, esta só se poderá levar a cabo caso os dois membros intervenientes cumpram com determinados requisitos.

O cão manta deve ser especialmente corpulento, com um lombo generoso e de pelo abundante e o RI não deve mostrar receio perante o cão, deve ser de tenra idade, com um baixo peso corporal e de baixa estatura.

Sob estas premissas, o cão manta, em decúbito supino, acolherá o RI na sua cavidade ventral.

Objetivo da PCC

Oferecer um ambiente que acolha, contenha e estimule o RI, sob a direção do PI e a supervisão do TIA, trabalhar os músculos abdutores dos membros inferiores e, ao mesmo tempo, normalizar o tónus pélvico e melhorar a respiração do RI.

Posicionamento e funções da equipa

Posição e função do cão

Depois da saudação inicial, o cão deverá deitar-se de lado. O TIA sentar-se-á no chão e deverá conter o cão entre as suas pernas. Depois, perante a ordem "barriguinha" e ajudando-o através da manipulação, o cão deverá posicionar-se de barriga para cima, entre as pernas do TIA.

O primeiro passo consiste em estabilizar esta posição de "barriguinha"; esperar que os membros anteriores se relaxem, ficando fletidos sobre o corpo, e os membros posteriores fiquem em extensão longitudinalmente, para trás.

O TIA deverá controlar o cão com as pernas e as patas anteriores com as mãos para preparar a chegada do RI.

Procederemos ao segundo passo: o corpo do RI, com ajuda do PI, vai acoplar-se suavemente à cavidade abdominal do cão e, graças à manipulação por parte do TIA, as patas anteriores vão conter o RI enquanto este descansa em cima do cão.

Esta PCC pode oferecer um terceiro passo: o pelo abundante permitirá ao TIA imprimir movimentos nas quatro direções do espaço sem que isto implique uma mudança de posição do cão. Estes movimentos repercutirão diretamente no sistema vestibular do RI.

O corpo do cão deve permanecer relaxado continuamente, deixando-se manipular e mobilizar até que o PI retire o RI ou através de uma rotação lateral do CM, ficando os dois deitados de lado na PCC tombado lateral paralelo ventral.

Posição e função do TIA

Sentado no chão, colocará o corpo do cão na posição de "barriguinha" com a cabeça entre as suas pernas e o rabo do cão entre os pés.

O TIA segurará o corpo do cão entre as suas pernas e com as mãos controlará as patas anteriores, para evitar que as unhas possam arranhar o rosto do RI enquanto se aproxima.

Quando a posição já for estável, o TIA indicará ao PI em que zona deverá depositar o RI.

A cabeça do RI deverá repousar na cavidade torácica do cão, abaixo da linha da mandíbula; o abdómen do RI sobre a cavidade ventral e as pernas seguindo a linha do rabo do cão, entre as patas posteriores, ou seguindo a linha externa.

O TIA deverá ter em conta o bem-estar do cão de forma contínua, de modo a evitar que o RI apoie algum ponto de pressão no seu ventre, enquanto o PI supervisiona o RI ativamente.

O TIA poderá manipular as patas anteriores do cão para que interatuem com o RI ou a cabeça do cão para que, quando o RI levante a sua, coincidam.

Segurando de lado no corpo do cão, também poderá imprimir um movimento longitudinal (para a frente e para trás), horizontal (para a direita e para a esquerda) ou uma combinação entre os dois para transmitir este movimento ao RI sem ter que deslocar o cão no chão.

Para desfazer esta postura, o TIA esperará que o PI retire o RI de cima do cão e, então, deverá manipulá-lo de modo a deixar o cão deitado de lado.

Outra forma de desarmar a posição consiste em que o TIA retire suavemente uma das suas pernas (separando-a ou dobrando-a) e, com a ajuda do PI – que segurará no RI – rote o cão lateralmente para que os dois descansem juntos. Quando o cão esteja deitado de lado com o RI entre as suas patas o TIA deverá dar suporte ao cão, colocando-se de cócoras perto do seu lombo.

Posição e função do PI

O PI segurará o RI ao colo até o TIA ter preparado o cão manta. Depois, deverá depositá-lo com cuidado e na direção do corpo do cão.

De seguida, colocará os braços do RI de modo a ficarem pendurados lateralmente na cavidade torácica do animal. Posicionará as pernas seguindo a linha do rabo do cão ou imprimirá um movimento de rotação externa e abertura lateral (abdução) para as colocar seguindo a curvatura das patas posteriores do cão.

Durante toda a PCC, o PI deverá manter-se em pé, verticalmente em relação ao RI, com as duas mãos perto ou em contrato com ele de modo a garantir a sua estabilidade, se necessário.

Para desfazer a PCC este deverá segurar outra vez no RI ao colo. Se preferir terminar com os dois sujeitos relaxados, o PI segurará no corpo do RI contra o corpo do cão enquanto o TIA executa lentamente a rotação.

Posição e função do RI

Nos braços do PI, descerá até ao cão como planeado. Quando estiver em cima dele, receberá uma sensação de contenção e um entorno quente, peludo e vivo que o estimulará a nível sensorial.

A sua cabeça, de lado, descansará num dos lados do tórax do cão e, por conseguinte, se a quiser rodar deverá elevá-la de modo a superar o externo da caixa torácica do cão.

Os seus braços, em extensão ao longo do corpo do cão, poderão sentir o toque do pelo ou repousarão nas suas axilas – nas quais poderá exercer um pouco de força que ajudará na rotação lateral da sua cabeça.

Os movimentos que o TIA imprimirá no cão repercutirão diretamente no RI, pois este irá aperceber-se deles de forma direta.

As pernas poderão seguir a linha do rabo ou, favorecendo a abdução, seguir a curvatura dos membros inferiores do cão.

Exercicios práticos

Para os membros inferiores

SEGURA-TE COM FORÇA

Ter as pernas à volta dos joelhos do cão trabalhará a flexibilidade. O movimento do cão vai transmitir-se aos membros inferiores e isto será um estímulo motriz para o RI.

Para a estimulação cognitiva ou sensorial

UMA CANÇÃO DOCE

Acompanharemos uma canção rítmica e relaxada com movimentos harmónicos do corpo do cão com a finalidade de proporcionar estimulação vestibular, contenção e calma ao RI.

Para os membros superiores

DÁ-ME MIMOS

Se o RI tem os braços livres ao longo das zonas laterais do cão, vamos motivá-lo a que o acaricie em ambos sentidos (a favor e contra o crescimento do pelo).

Se as suas mãos estão nas axilas, o TIA vai comprimi-las, apertando suavemente as patas anteriores do cão contra o seu peito. O RI sentirá um aumento de pressão e de temperatura nas suas mãos.

Cabeça e tronco

VOU PLANANDO

O PI segurará no RI para que ele se aproxime do cão planando. Desta forma motivamos o RI a manter o torso e a cabeça erguidos.

Depois de realizar a PCC, o TIA imprimirá uma leve rotação lateral para que o cão passe da posição de "barriguinha" para deitado lateral. Assim, sob a supervisão do PI e com o seu apoio, o RI deverá controlar a cabeça para seguir o movimento do cão.

PCC. 38
CM alinhado com o RI e em deitado caudal

Descrição da PCC

Como na anterior, nesta PCC também deve existir uma correlação entre o tamanho dos dois participantes para que a posição anatómica seja benéfica para o RI quando se acomode na garupa do cão em quadrupedia.

Objetivo da PCC

Favorecer a posição de gatinhar e proporcionar ao RI a sensação de apoiar o seu peso nos joelhos, na zona anterior das pernas e dos pés e nos seus braços e mãos.

Posicionamento e funções da equipa

Posição e função do cão

Para realizar esta PCC é muito importante que o cão não sofra de dores articulares pélvicas devido a, por exemplo, displasia, e que, anatomicamente, tenha uma garupa grande e generosa.

Depois da apresentação, o cão deverá deitar-se na posição de esfinge de frente para o TIA e manter esta posição durante o tempo requerido pelo PI de modo a facilitar a realização do exercício ao RI.

Para evitar que o RI ingira pelo ou que este se pegue à sua cara podemos pôr um pano em cima do lombo do cão, seguro pelo seu próprio tronco.

O cão manta deve manter o olhar em frente, sem girar para olhar para a sua garupa, de modo a evitar uma mudança de direção do seu eixo longitudinal. Não obstante, poderá realizar movimentos ascendentes e descendentes com a cabeça.

Para desfazer a PCC o cão deverá esperar que o RI se levante. Depois, seguindo as ordens do TIA, deverá levantar-se ou deitar-se de lado.

Posição e função do TIA

O TIA dará a ordem verbal ou gestual para que o cão se coloque em posição de esfinge. Deverá assegurar-se que as quatro extremidades estão perfeitamente alinhadas e assentes no chão ou sobre uma superfície rígida e estável.

Quando o TIA considere que o cão está na posição adequada e em condições de receber o RI indicará ao PI, que suavemente inclinará o RI na garupa do cão.

Durante este procedimento, o TIA deverá supervisionar a estabilidade da garupa do cão para evitar que ele se desloque ou se deite para um dos lados. Se isto ocorre, o TIA deverá contrapor o cão através de manipulação ou, caso necessário, repetir a aproximação.

Dependendo de como o exercício de desenvolva, o TIA, através de luring (seguir um prémio com a cabeça), pode fazer com que o cão mova a cabeça na direção vertical ou horizontal, sem fazer com que este desloque o seu tronco.

Posição e função do PI

Quando o cão esteja deitado em esfinge controlado pelo TIA, o PI colocará o RI em posição quadrúpede em cima da garupa do cão. Desta forma, os joelhos do RI estarão apoiados no chão, a zona anterior de ambas coxas apoiar-se-ão nos quartos traseiros e o tronco do RI estará inclinado na garupa e no lombo do cão.

A partir deste ponto o RI, motivado por vários exercícios que farão com que interatue com o cão, manterá esta posição.

Posição e função do RI

Quando o RI se sinta seguro com o cão e tenham criado um vínculo de confiança mútua poderemos realizar esta PCC.

Depois da apresentação entre os dois o RI, ajudado pelo PI – ou dirigido por ele – deverá acoplar-se à garupa do cão, apoiando os seus braços e as suas pernas em ambos lados do cão.

As mãos e os joelhos estarão em contato direto com o chão e, desta forma, motivado pela equipa, o RI poderá exercer pressão neles e levantar ou girar lateralmente a sua cabeça.

Exercicios práticos

Para os membros inferiores

GATINHAR

Poderíamos sentir a tentação de aplicar um movimento de translação longitudinal no conjunto da PCC, ou seja, que o CM rastejasse, com o RI em cima dele, para facilitar o gatinhar.

No entanto, nesse caso não poderíamos garantir uma utilização correta da PCC, visto que se produziria um deslocamento de todo o corpo do cão e não poderíamos garantir o seu bem-estar nem a repercussão deste movimento dinâmico no RI.

Recordemos que o cão manta deve adotar uma determinada posição estática durante o tempo necessário e requerido pelo PI. Por este motivo, nesta PCC também manteremos o cão manta estático e trabalharemos o gatinhar acomodando o RI no corpo do cão para trabalhar a posição de gatinhar, ou colocaremos o RI uma certa distância para que este chegue até ao cão gatinhando, sendo a sua recompensa apoiar-se e relaxar-se na garupa do cão manta.

Por outro lado, simular gatinhar sem deslocamento (levantando um joelho e depois o outro) seria um movimento que incomodaria o CM que, como consequência, se recolocaria, sendo a postura alterada. Por esta razão, esta PCC deve realizar-se sempre estaticamente.

Para a estimulação cognitiva ou sensorial

AS RÉDEAS

Fabricaremos uma trança comprida constituída por várias texturas: lã, fio, nylon, couro, tecido polar, etc. e passaremos essa trança pela argola da coleira do cão, que neste caso não colocaremos na nuca mas sim por baixo do queixo.

Esta trança, depois de passar pela coleira, deverá repousar em ambos lados do corpo do cão, como se fossem umas rédeas. O RI agarrará nelas e puxará com força no seu sentido. Nesse momento, o TIA utilizará o luring para fazer com que o cão levante a cabeça.

Para os membros superiores

SÍTIOS SURPREENDENTES

O RI estará encostado ao cão manta, com os joelhos bem assentes no chão. Vamos convidá-lo a procurar com as suas mãos os prémios escondidos no corpo do cão: debaixo das axilas, nas virilhas, perto da barriga.

Cada vez que encontre um prémio, deverá realizar uma extensão do braço para o entregar ao cão que, com ajuda do TIA, girará lateralmente a cabeça.

Cabeça e tronco

UM ENCAIXE CANINO

Colocaremos várias peças de um encaixe num dos lados do cão de modo a fomentar o deslocamento dos membros superiores do RI, enquanto os joelhos se mantém na posição de gatinhar.

Cada vez que o RI encontre ou agarre uma peça, deverá girar a sua cabeça para o lado oposto de modo a localizar a base do encaixe.

Entretanto, o PI passará a peça em questão desde um lado até ao outro para que o RI a possa colocar, depois de girar a sua cabeça.

Posteriormente, repetiremos a sequência: girar a cabeça, encontrar a peça, girar a cabeça e colocar a peça.

PCC. 39
CM perpendicular ao RI e em tombado dorsal

Descrição da PCC

O RI, deitado de barriga para baixo, aproximar-se-á do cão pelo dorso apoiando a sua cabeça no lombo do cão.

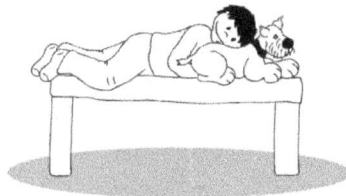

Objetivo da PCC

O RI vai aproximar-se e relaxar-se junto ao cão de uma forma não invasiva.

Posicionamento e funções da equipa

Posição e função do cão

Nesta PCC o cão pode estar deitado de lado ou em posição de esfinge. Deverá manter esta postura durante o tempo necessário e requerido pela equipa.

O cão deverá ter uma atitude neutra para permitir que o RI decida o momento em que quer estabelecer um contacto mais íntimo com ele.

Posição e função do TIA

O TIA guiará o cão de forma a que este adote determinada posição (deitado lateralmente ou em esfinge). Depois, supervisionará o seu bem-estar e a sua postura enquanto o RI se encosta nele.

É indispensável que o TIA comprove que não existe uma pressão excessiva sob a coluna vertebral ou sob a articulação escapular do cão manta.

Posição e função do PI

O PI oferecerá confiança e motivará o RI a relaxar-se e a disfrutar de um contacto controlado com o cão.

O RI terá que superar um desnível importante, marcado pela altura do lombo do cão. O PI deverá aplicar as medidas necessárias (por exemplo, colocar cunhas) para que o RI adote uma postura anatomicamente correta.

Posição e função do RI

Quando o cão esteja bem colocado, o RI aproximar-se-á a ele pelo dorso, com a ajuda do PI, e, de forma suave e progressiva, entrarão em contacto até que, por fim, o RI apoie a sua cabeça no lombo.

Exercicios práticos

Para os membros inferiores

Nesta PCC não se contempla o trabalho dos membros inferiores.

Para a estimulação cognitiva ou sensorial

RELAXAÇÃO

Estar deitado e relaxado em cima de um cão, para alguém que inicialmente poderia mostrar um pouco de reticência, pode representar uma conquista importante, uma injeção de autoestima, uma sensação agradável de triunfo.

Para os membros superiores

ABRAÇAR

Motivaremos o RI, deitado em cima do cão manta, a passar um braço por baixo da cabeça do cão e o outro por cima do lombo, para o abraçar.

Cabeça e tronco

UMA ALMOFADA PELUDA

Quando o cão estiver bem posicionado, colocaremos almofadas de várias cores em cima dele. Cada vez que o RI, encostado e em decúbito ventral, levante a cabeça retiraremos uma delas e o RI encostar-se-á novamente e de forma suave noutra almofada.

O RI deverá repetir este procedimento até que não existam mais almofadas e, assim, se encoste e relaxe no pelo do cão.

PCC. 40
CM perpendicular ao RI e em tombado ventral

Descrição da PCC

Nesta PCC, o RI, em decúbito ventral, descansará em cima do corpo do cão manta, que atuará como uma cunha. Desta forma terá os braços livres no outro lado do cão.

Objetivo da PCC

O RI, deitado em decúbito ventral e estabelecendo contacto direto com o cão manta, receberá toda a estimulação táctil e vibrátil do cão e realizará um trabalho ativo com os membros superiores e no controlo cefálico.

Posicionamento e funções da equipa

Posição e função do cão

O cão deitar-se-á de lado e esperará que o RI se coloque em cima do seu tronco, à altura da cavidade abdominal ou da cavidade torácica e deixe, desta forma, pendurar os braços sobre o seu lombo.

Para permitir que o RI disponha de uma área desocupada perto do lombo do cão e ao alcance das suas mãos, o TIA não entrará em contacto direto com o lombo do cão. Este procedimento será viável visto que a pressão que o RI exercerá no corpo do cão não será tão elevada como quando o RI está em decúbito supino e deitado em cima do cão manta.

O cão não se deverá mexer nem levantar em nenhuma ocasião e deverá permitir o contacto e a aproximação de um segundo cão manta na mesma PCC.

Quando o RI já se tenha retirado, o cão manta poderá levantar-se perante a manipulação ou os comandos do TIA.

É importante destacar e recordar que nestas PCC não devemos dar prémios ao cão, dado que elevaria o estado de alerta e, por conseguinte, dificultaria a sua relaxação.

Posição e função do TIA

Anteriormente mencionamos que nesta PCC o TIA não poderia estar em contacto direto com o lombo do cão de forma a conter a pressão que o RI possa exercer e a oferecer-lhe segurança.

Desta forma, o TIA deverá colocar-se segundo a situação planeada previamente entre o PI e o TIA.

- Alinhado com a cabeça do cão (mesmo que isto limite a sua ação na zona posterior do cão).

- Perpendicular ao lombo do cão e a uma certa distância da coluna vertebral para, desta forma, fazer com que o RI tenha espaço de interação.

Este espaço pode servir ao RI como superfície de apoio, como uma mesa: para fazer encaixes, mover objetos; ou para colocar um segundo cão manta, mais pequeno, para o RI acariciar.

Temos que destacar que, se o TIA estiver em frente ao RI, interatuará com ele enquanto o PI facilitará a interação.

Posição e função do PI

Quando o RI estiver colocado, o PI deverá posicionar-se atrás dele para supervisionar a posição e facilitar o movimento dos seus membros superiores. Também poderá colocar-se à sua frente para interatuar com ele. Ainda assim, neste caso, não poderá supervisionar constantemente a posição do RI em cima do corpo do cão, deixando esta tarefa a cargo de um segundo PI.

Posição e função do RI

Deitado de barriga para baixo em cima do abdómen ou do tórax do cão, o RI apoiará a cabeça no lombo do cão enquanto os braços estarão em extensão por cima do lombo. Desta forma poderá interatuar com os elementos que sejam colocados no chão, atrás do cão manta.

Exercicios práticos

Para os membros inferiores

Esta PCC não contempla o trabalho dos membros inferiores. Ainda assim, poderemos acariciar os seus membros inferiores com as patas do cão, tendo como finalidade a sua relaxação.

Para a estimulação cognitiva ou sensorial

UM SEGUNDO CÃO MANTA

Quando o RI estiver posicionado em cima do cão manta grande (CMA) o TIA apresentará um segundo cão manta (CMB) que se deslocará à sua frente, de uma ponta à outra ponta do CMA para que, assim, o RI o siga com o olhar.

O TIA também poderá deitar o CMB na posição de esfinge, ao lado do CMA, para que o RI o acaricie.

Para os membros superiores

O PIANO

Colocaremos um piano infantil no espaço existente entre o lombo do cão manta e o TIA para que o RI o toque. Cada vez que o faça, o TIA manipulará o rabo do cão para lhe roçar na bochecha.

Cabeça e tronco

OS OVOS DA PÁSCOA

O cão chegará à sala com uma cesta pendurada na sua boca. Quando o RI estiver situado em cima dele, colocaremos à sua frente ovos da páscoa espalhados pelo chão – alguns à vista e outros escondidos por baixo de um pano. O RI deverá colecioná-los a todos e colocá-los dentro da cesta (com a ajuda necessária) para que o cão, quando a sessão acabe, os possa levar de volta.

PCC. 41
CM alinhado com distância com o RI e em esfinge

Descrição da PCC

Para realizar esta PCC, o RI estará deitado numa superfície que se situe por cima do cão manta.

Objetivo da PCC

O RI, em decúbito ventral, interatuará de frente para o cão, aumentando assim a extensão dos membros superiores, o controlo da cabeça e do tronco.

Posicionamento e funções da equipa

Posição e função do cão

O cão vai deitar-se em esfinge, perpendicularmente à superfície de apoio do RI, por baixo da superfície na qual o RI está deitado para que ele o possa ver durante todo o exercício.

O cão deverá manter-se quieto, à espera que o RI lhe acaricie o lombo.

Nesta PCC não é aconselhável que o cão se coloque em decúbito supino ou deitado de lado visto que estas posições deixariam o abdómen do animal vulnerável.

É importante salientar este detalhe porque o RI podería exercer demasiada pressão nessa zona por estar em decúbito ventral e num plano elevado relativamente ao cão.

Posto isto, o cão poderia deitar-se em esfinge, alinhado com o RI, de frente a ele para que o RI lhe dê prémios ou se produza contacto visual entre os dois; ou em direção cefálica, se o que nos interessa é que o RI siga o movimento do rabo do cão com o olhar, dentro do seu campo visual, ou que o cão lhe faça cocegas na cara com o rabo.

Posição e função do TIA

O TIA deverá expor as várias posições que o cão manta poderá adotar segundo a posição do usuário, ou seja: perpendicular em esfinge e paralelo cefálico ou caudal.

A utilização de cada uma destas posições oferecerá determinados exercícios e benefícios para o RI. Quando já se tenha decidido quais as posições que o cão adotará durante a sessão, o TIA manipulará o cão para se colocar em determinada postura ou guiá-lo-á através de comandos gestuais ou verbais.

Se o RI já está deitado de barriga para baixo na cunha, o TIA deverá manipular o cão para que adote a posição que o PI espera, com a finalidade de não magoar ou assustar o RI. Caso o cão se coloque primeiro, o TIA poderá ordenar-lhe que se deite em determinado sítio e que se mantenha quieto.

Quando o cão já estiver colocado na PCC, o TIA posicionar-se-á na zona central, ou seja, entre as patas dianteiras e posteriores, para supervisionar as carícias que o RI lhe dá, direcionar a cabeça para olhar para o RI ou mexer-lhe o rabo para que o RI o siga com o olhar.

Ao desfazer a PCC, se o RI continua perto do cão, o TIA deverá manipulá-lo até ficar fora da zona de contacto do RI e só então poderá ordenar-lhe que se levante.

Posição e função do PI

O PI colocará ou guiará o RI para que se situe em cima da cunha ou da mesa. Depois ficará perto dele para o guiar durante a interação com o cão.

Posição e função do RI

O RI estará situado num plano inclinado ou numa cunha, ligeiramente avançado nesse plano de modo a que os braços e a cabeça fiquem fora dele, isto é, para que estejam livres e possam tocar, pressionar, acariciar, seguir o rabo com o olhar, levantar a cabeça para ver o cão, etc.

Exercícios práticos

Para os membros inferiores

O CONTRAPESO

Mesmo que nesta PCC não se contemple o trabalho dos membros inferiores, poderíamos complementá-la colocando um cão manta de pequeno porte em cima das pernas do RI para que faça contrapeso relativamente à parte anterior do corpo do RI (PCC.34) e que, desta forma, influía na extensão das pernas do RI, ativando a musculatura posterior dos membros inferiores.

Para a estimulação cognitiva ou sensorial

UM PRATO DE COMIDA

Situaremos o cão em frente ao RI. Ambos deverão estar posicionados paralelamente e alinhados, com um espaço entre eles no qual poremos um prato para o cão.

O jogo consiste em que o RI apanhe várias bolinhas de ração do chão, que caíram e se espalharam quando colocamos o prato aí.

Toda esta manobra se realizará perante o olhar atento do cão que esperará, impaciente, que o seu prato esteja cheio outra vez.

Para os membros superiores

TIRA-ME AS MOLAS

O cão estará colocado perpendicularmente e por baixo do campo visual do RI. Convidaremos o RI a acariciá-lo e a tocá-lo para lhe tirar as molas da roupa que o cão terá espalhadas pelo lombo e pelo corpo.

Cabeça e tronco

O VAIVÉM DO RABO

Posicionaremos o cão alinhado com o RI, mas desta vez na direção caudal, para que o cão possa mexer o rabo de um lado para o outro no espaço existente entre os dois.

O TIA mexerá o rabo do cão, enquanto este se mantém imóvel, com o objetivo de que o RI o siga com o olhar ou que o rabo faça cócegas nas orelhas cada vez que o RI gire a cabeça nalguma direção.

Capítulo 10

PCC com o RI em decúbito lateral e o CM em cima dele

Nestes últimos dois capítulos o RI estará colocado em decúbito lateral e classificaremos as várias PCC em função da posição relativa do cão manta: se o CM está posicionado em cima (capítulo 10) ou por baixo (capítulo 11) do RI.

O RI estará colocado em decúbito lateral junto ao cão manta, numa posição que promove uma situação de proximidade e relaxação entre os dois e que favorecerá tanto o vínculo do RI com o cão manta como o trabalho ativo do RI com o cão.

Devemos deixar claro que iremos descrever uma única PCC na qual o cão estará parcialmente posicionado em cima de um RI em decúbito lateral (PCC.42, ver mais à frente) já que as outras posições que poderíamos realizar seriam pouco úteis. Um exemplo seria o seguinte: se o RI está em decúbito lateral e o CM situado perpendicularmente a ele, no momento em que este se apoie no RI vai faltar-lhe estabilidade.

Por este motivo, neste capítulo descreveremos a seguinte PCC: PCC.42- CM paralelo ao RI em tombado ventral.

Benefícios gerais

Alguns dos benefícios que obteremos com esta PCC são:

- Aumento da consciência corporal através da massagem somática
- Trabalho da linha média do RI
- Abertura dos membros superiores
- Melhoria do controlo visual
- Estimulação sensorial: auditiva, olfativa, táctil...

PCC. 42
CM paralelo ao RI em tombado ventral

Descrição da PCC

Nesta PCC, o cão manta e o RI estarão colocados paralelamente e em frente um ao outro. O cão adotará um papel ativo no qual aconchegará o RI com os seus membros anteriores e posteriores, sem esperar que este interatue com ele abraçando-o (em contraste com as PCC 46 e 47, que comentaremos posteriormente).

Objetivo da PCC

Estabelecer um clima de cumplicidade e proximidade entre ambos, favorecido pela contenção em forma de abraço que o cão manta exerce relativamente ao RI, e pelo contacto visual próximo e duradouro.

Posicionamento e funções da equipa

Posição e função do cão

Esta PCC pode ser fruto de duas situações possíveis: que se produza como primeira posição ou que derive de outra PCC, por exemplo, da PCC 37.

Caso consideremos realizar esta PCC como primeira posição, o cão deverá deitar-se de lado, longe do RI, e esperar que o PI coloque o RI em decúbito lateral em cima da colchonete.

De seguida, através da manipulação do TIA, o cão manta girará 180º longitudinalmente até que a cavidade ventral esteja em frente ao RI e as patas que ficam em posição superior se apoiem no corpo do RI.

Se a cavidade ventral do cão já está de frente para o RI, o TIA deverá empurrá-lo suavemente pelo lombo até que seja possível colocar as patas em posição superior em cima do RI.

Realizaremos a flexão das patas que fiquem na posição inferior para que descansem entre o corpo do RI e do cão, para evitar que a pata inferior anterior possa magoar o RI.

A cabeça do cão permanecerá em frente à do RI durante a PCC. Por este mesmo motivo, é importante não permitir que o cão lamba o RI e observar que mantenha contacto visual com ele. Assim, a respiração do cão será uma motivação sensorial para o RI.

Para desfazer a PCC, o TIA pegará nas patas que estão na posição superior com ambas as mãos e puxará suavemente na sua direção, para fazer o cão rodar de novo, de forma a que o PI possa levantar o RI sem que o corpo do cão se interponha.

Se esta PCC é posterior a outra PCC chegaremos a ela através da manipulação simultânea do cão manta e do RI.

Posição e função do TIA

Depois da apresentação entre o RI e o cão, o TIA ordenará ao cão que se tombe e esperará que o PI coloque o RI na posição desejada.

O TIA realizará todos estes procedimentos de cócoras, encostado e atrás do lombo do cão manta e acompanhará todos os movimentos executados com uma linguagem compreensível para o RI, antecipando-lhe a ação. O TIA manipulará o cão de modo a ficar de frente e perto do RI. Depois apoiará suavemente os membros do cão em cima do RI e, de seguida, exercerá uma pressão suave mas constante para que o RI sinta o abraço do cão.

É importante que, durante esta manobra, o TIA controle a cabeça do cão para que esta não invada a distância crítica do RI nem se produzam lambidelas indesejadas.

234

Por este motivo, é aconselhável que, enquanto se colocam as patas em cima do RI, o TIA afaste a cabeça do cão da cabeça do RI, deslocando-a ligeiramente para trás.

Quando o PI estiver responsável pelo conjunto RI/patas do cão, o TIA aproximará o focinho do cão à cara do RI o mais próximo que o RI e o PI o permitam para que, por exemplo, sinta a sua respiração; ou manipulará a cabeça do cão para que se produza um bom contacto visual entre os dois.

Esta é uma PCC na qual se tenta relaxar o RI num ambiente cálido e, por esta mesma razão, o TIA deverá falar de forma suave e tranquila.

Posição e função do PI

O PI deverá encargar-se de guiar e supervisionar o abraço do cão ao RI, para que este se realize num local ótimo, e acompanhará todo o processo de forma verbal e gestual.

Posição e função do RI

Deitado e em decúbito lateral, sentirá a proximidade, o calor, a respiração e a pressão do cão junto a si, facilitando assim a sua relaxação, seja para finalizar uma sessão de trabalho ou para acalmar um estado ansioso.

Exercicios práticos

Para os membros inferiores

MASSAGENS DE MEIAS

Teremos um conjunto de meias completo preparado, feitas de várias texturas: felpo, plástico, algodão, licra, etc. O jogo consistirá em que o TIA coloque uma determinada meia na pata do cão e, com ela, acaricie a coxa do RI, enquanto este se mantém quieto e relaxado.

O RI marcará o final da massagem movendo ou deslocando a sua coxa para, assim, levantar ou deslocar a pata do cão.

Para a estimulação cognitiva ou sensorial

POR CADA OLHAR... UM BEIJO DE ESQUIMÓ

Apenas se poderá realizar este jogo se os beijos de esquimó (nariz com nariz) são motivantes para o RI e o cão não lhe der lambidelas.

Se for assim, cada vez que se produza contacto visual o TIA aproximará lentamente o focinho do cão ao rostro do RI até que ambos os narizes se toquem.

Para os membros superiores

CÓCEGAS DE TARZAN

Neste jogo trabalharemos com as duas mãos do RI, pedindo-lhe que acaricie ou coce a parte do corpo do cão que tenha mais próxima à sua mão: o peito, a barriga, etc.

Cabeça e tronco

MANTER-ME ERGUIDO POR TI

Manter-se em decúbito lateral junto ao cão, relaxando-se ou interatuando com ele, contente e alerta, representa um trabalho importantíssimo para o esquema corporal e a musculatura do RI.

CAPÍTULO 11

PCC com o RI em decúbito lateral e o CM debaixo dele

Descrição

Nas PCC que descreveremos de seguida, o RI situar-se-á completa ou parcialmente em cima do cão manta, adotando um papel ativo.

Em função da posição e da direção na qual o CM se encontre relativamente ao RI, encontraremos as seguintes PCC:

PCC.43-CM perpendicular ao RI em tombado ventral, cavidade abdominal
PCC.44-CM perpendicular ao RI em tombado ventral, cavidade torácica
PCC.45-CM perpendicular ao RI e em tombado dorsal
PCC.46-CM paralelo ao RI e em tombado dorsal
PCC.47-CM paralelo ao RI e em tombado ventral

Benefícios gerais

O clima de cumplicidade e proximidade que se cria nestas PCC facilitará:

- A estimulação vibrátil da respiração, dos batimentos cardíacos e dos movimentos peristálticos.
- A estimulação sensorial através do pelo do cão, da sua temperatura corporal e do seu alento ao respirar.
- O aumento da abertura e diminuição da tonicidade muscular do braço de carga.
- O aumento do alongamento do braço de carga.
- O padrão de flexão.
- A liberdade de movimentos do braço livre.
- O trabalho da linha média do RI.

Este ambiente ajudará o RI a sentir-se relaxado neste entorno no qual também poderá trabalhar ativamente, enquanto o cão manta adota um papel mais passivo e de suporte físico e emocional.

PCC. 43
CM perpendicular ao RI em tombado ventral na cavidade abdominal

Descrição da PCC

O RI, deitado perpendicularmente em relação ao cão manta, apoiará a cabeça no abdómen dele, seja de frente para o rabo ou para a cabeça do cão.

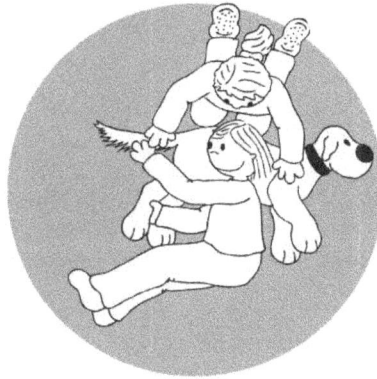

Objetivo da PCC

Favorecer o alongamento do braço livre (ou superior) para que possa tocar ou interatuar com as partes mais distantes do corpo do cão e receber vários estímulos sensoriais ou propriocetivos.

Posicionamento e funções da equipa

Posição e função do cão

Se a PCC se realiza como primeira postura, o cão deverá deitar-se em cima da colchonete, contido pelo TIA, e esperar que o RI se deite suavemente no seu abdómen.

Se o RI, por algum motivo, já está deitado no chão o TIA ordenará ao cão que se sente, fora do campo visual e a uma distância superior à distância crítica do RI.

Posteriormente, manipulará o cão até que esteja estar deitado de lado e, empurrando-o suavemente pelo dorso, deverá aproximá-lo perpendicularmente à cabeça do RI, enquanto o PI levanta o usuário para o situar corretamente sobre o abdómen do cão.

O cão deverá permanecer relaxado enquanto o TIA lhe mexe o rabo, o levanta e lhe gira a cabeça 45 graus ou lhe manipula as patas que estão em posição superior para que cubram o corpo do RI.

Posição e função do TIA

O TIA situar-se-á atrás do lombo do cão, com as mãos sobre a cintura escapular e pélvica dele, para o supervisionar. Também lhe manipulará as patas, o rabo e a cabeça para que interatue com o RI.

Posição e função do PI

Quando o RI estiver apoiado no abdómen do cão, o PI deverá assegurar-se que o ângulo de contacto permita um bom posicionamento do RI, colocando uma cunha nos glúteos do RI, utilizando uma almofada, os seus joelhos ou as patas do cão para evitar que deslize para o chão e perca a posição anatomicamente correta.

Ficará ao lado do RI, dentro da cavidade ventral do cão, guiando e supervisionando a interação entre o RI e o cão manta.

Posição e função do RI

O RI repousará a sua cabeça no abdómen do cão, um espaço acolhedor pela sua forma côncava que transmitirá a suavidade do pelo ao RI, como se fosse uma almofada, assim como o calor que este emana e os ruídos peristálticos dos intestinos.

Um conjunto de sensações que, de certeza, o relaxarão e o irão predispor a trabalhar com o seu braço livre, por exemplo: agarrando-lhe a pata e acariciando-a, seguindo o rabo com o seu olhar, acariciando-lhe a cabeça, dando-lhe prémios, etc.

O braço inferior do RI permanecerá na cavidade ventral e vai aquecer debaixo de uma das patas do cão, na prega inguinal. Com a ajuda do PI, o RI poderá girar 180 graus para combinar o trabalho ativo de ambos os braços. Nesse caso, enquanto o PI gira o RI, o TIA colocará as mãos debaixo da cabeça do RI para evitar que a rotação se dê diretamente sobre o corpo do cão.

Exercicios práticos

Para os membros inferiores

Esta não é uma PCC pensada para o trabalho direto das pernas do RI a não ser que a combinemos com um segundo cão manta, como se fosse uma cunha. Assim, se o RI é pequeno, poderá abraçar a pata inferior do cão com as suas pernas, ajudando-o a normalizar o seu tónus muscular, a relaxar-se e a sentir-se mais cómodo.

Para a estimulação cognitiva ou sensorial

SOPRAR NO RABO DO CÂO

Enquanto o TIA mantém o rabo do cão levantado, o RI deverá soprar para conseguir que se mexa (com a cumplicidade do PI e do TIA). Se a criança não pode ou não sabe soprar podemos sugerir-lhe que emita determinado som o mexa uma parte da cara.

Cada vez que isto aconteça, colocaremos um elástico com um guizo no rabo do cão e, desta forma, o sopro do RI fará com que cada vez que o rabo se mexa faça mais ruído.

Para os membros superiores

LEVANTAR AS PATAS DO CÃO

Para o RI não é o mesmo levantar a pata superior do cão se estiver deitado em decúbito supino ou em decúbito lateral.

Neste jogo de pesos caninos, o PI motivará o RI a levantar a pata livre perto do seu braço livre para obter prémios para o cão. O TIA pode ajudar o RI a levantar a pata, manipulando as patas do cão por fora.

Cabeça e tronco

AROS DO RABO ATÉ À CABEÇA

Colocaremos aros rígidos e grandes no rabo do cão para que o RI os agarre com a mão livre e, com ajuda do PI, rode para os colocar na cabeça ou na boca do cão.

Para realizar esta operação o TIA deverá suster o cão com o apoio dos seus joelhos; manter e manipular o rabo para que o RI agarre num aro; conter a cabeça do RI para que, ao rodar, não impacte no cão; manipular a cabeça do cão para que o RI possa colocar o aro na sua cabeça ou ordenar ao cão que agarre no aro da mão do RI com a boca.

O PI encargar-se-á de manipular, dirigir e ajudar o RI com os aros e as rotações.

PCC. 44
CM perpendicular ao RI e em tombado ventral na cavidade torácica

Descrição da PCC

O RI estará apoiado perpendicularmente ao cão manta e com a cabeça apoiada no tórax dele, de frente para a cabeça ou para o rabo do cão.

Objetivo da PCC

Favorecer o alongamento do braço livre (ou superior) para que possa tocar e interatuar com as partes mais afastadas do corpo do cão. Oferecer também uma posição na qual exista uma maior facilidade no movimento cervical do RI, graças à forma convexa do tórax do cão.

Posicionamento e funções da equipa

Posição e função do cão

Como na PCC 43, o cão permanecerá deitado perpendicularmente ao RI, que se apoiará na caixa torácica com a ajuda ou as indicações do PI e sob a supervisão do TIA.

Estar apoiado na caixa torácica do cão favorecerá a possibilidade de ouvir o ruído da respiração, de sentir o bater do coração e de receber as vibrações resultantes da percussão que o TIA executará na caixa torácica do cão, assim como a relaxação sobre uma superfície suave como o pelo do cão.

A proximidade que a PCC oferece facilitará a interação com o cão através da mão livre, acariciando-o, dando-lhe comida, etc.

Posição e função do TIA

O TIA colocar-se-á de cócoras atrás do lombo do cão, com as mãos em cima dele para o supervisionar e manipular os seus membros ou corpo, estimulando assim o RI a nível sensorial, por exemplo: tocando no pelo ou percutindo na caixa torácica do cão para que o RI sinta as sensações.

Posição e função do PI

Quando os intervenientes já estejam posicionados corretamente, o PI deverá colocar-se no espaço abdominal do cão de forma a garantir um posicionamento correto por parte do RI em cima do cão durante toda a sessão.

Se for necessário, colocará uma cunha à altura das vertebras dorsais do RI para que esta possa preencher o ângulo possivelmente existente entre a cavidade torácica e a colchonete, ou por baixo dos glúteos do RI para evitar que deslize em direção ao chão.

De seguida, o PI ajudará ou motivará o RI a realizar o exercício proposto para alcançar determinados objetivos terapêuticos.

Posição e função do RI

O RI, apoiado na caixa torácica do cão, terá uma maior liberdade de movimentos, pois a forma convexa da caixa torácica permitirá rotações com menor dificuldade.

A partir desta posição, o RI poderá deitar-se para qualquer um dos lados do corpo e em direção à cabeça ou ao rabo do cão.

Ao contrário da PCC anterior na qual o usuário ficava perto dos quartos traseiros do cão, neste caso o usuário ficará mais perto da cabeça e, em função de cada RI, isto poderá ter implicações emocionais positivas ou negativas.

Exercicios práticos

Para os membros inferiores

Assim como na última PCC, esta PCC também não está pensada para trabalhar as pernas do RI, exceto se combinamos a atividade com um segundo cão manta que executará o papel de cunha ou de estímulo sensorial.

Para a estimulação cognitiva ou sensorial

A NOSSA RESPIRAÇÃO

Quando o RI estiver relaxado, vamos motivá-lo a ouvir o ruído da respiração do cão e a consciencializar a sua própria respiração, ajudado pelo PI. Podemos aumentar o estímulo colocando um fonendoscópio ao RI que amplie todos os ruídos torácicos do cão.

Para os membros superiores

DAR PRÉMIOS AO CÃO

O PI entregará um prémio ou uma barrinha para cães ao RI para que este, com a sua mão livre, o dê ao cão.

Podemos aumentar a dificuldade do exercício fazendo com que o prémio seja cada vez mais difícil de alcançar ou pedindo ao RI que feche os olhos enquanto o escondemos debaixo de alguma parte do corpo do cão. Depois, deverá encontrar o prémio para o dar ao cão.

Cabeça e tronco

PARTILHAR OS MEUS ANIMAIS PREFERIDOS

O TIA mostrará brinquedos ao RI, por exemplo, animais do campo, exibindo-os perto do rabo do cão. O RI, que estará de frente para o rabo, quando os veja deverá pegar num com a sua mão livre e segurar nele com força, enquanto o PI o ajuda a executar uma leve rotação lateral para que fique de frente para a cabeça do cão, pondo o brinquedo na sua boca.

Simultaneamente, também podemos imitar as várias onomatopeias de cada animal.

PCC. 45
CM perpendicular ao RI e em tombado dorsal

Descrição da PCC

O RI vai apoiar-se na zona dorsal do cão manta, facilitando um contacto menos invasivo mas, ao mesmo tempo, mais próximo a nível visual.

Objetivo da PCC

Aumentar a extensão dos membros superiores para estabelecer contacto com o cão num ambiente seguro e que permita ao RI aproximar-se e interatuar mais com a cabeça do cão.

Posicionamento e funções da equipa

Posição e função do cão

O cão sustentará o RI na sua cintura escapular, enquanto este lhe acaricia a cara.

Esta posição pode ser um pouco stressante para o cão mas, sob o supervisionamento do TIA e graças a um longo treino, este poderá suportar as aproximações do RI à sua cara com agrado. Permitirá que lhe levantem os lábios, que lhe toquem nos dentes, que lhe levantem as orelhas, etc. Isto é, o cão deverá manter a posição continuamente sem dar a volta e ficará de patas para cima para convidar o RI a juntar-se ao jogo.

Posição e função do TIA

O TIA, de cócoras na cavidade ventral do cão manta, colocará as mãos perto da cintura escapular para se certificar que a colocação do RI no cão manta é correta e não o magoa.

Quando o PI e o TIA já tenham verificado a colocação da cabeça no cão, o RI não a deverá mover demasiado.

Por esta razão, o TIA travará a cabeça do RI com as mãos, sem a tocar nem manipular, para evitar possíveis deslocações que possam repercutir negativamente no cão.

Posição e função do PI

O PI colocará o RI em decúbito lateral em cima do cão e deverá ter em conta que, nesta posição, o lombo do cão atua como se fosse uma parede vertical que o RI deverá superar através de almofadas ou cunhas.

Posteriormente, o PI situar-se-á em frente à cabeça do cão ou atrás do RI para facilitar a interação com o animal.

Posição e função do RI

Se queremos que o RI tenha um contato visual próximo com o animal, mas com espaço e liberdade de movimentos e sem se sentir contido entre as quatro patas do animal, podemos oferecer-lhe essa possibilidade através de uma aproximação dorsal.

As duas únicas regras do jogo que o RI deverá respeitar são: em primeiro lugar, permanecer com a cabeça quieta para não incomodar o cão; e, em segundo lugar, tratar o cão com respeito quando lhe investiga a cara, com o mesmo respeito que o cão nos trata a nós ou como nós nos tratamos mutuamente, sem fazer nada que o possa incomodar.

O ângulo entre as costelas do RI e o lombo do cão deverá ser preenchido por cunhas ou almofadas para que o RI adote uma posição anatomicamente correta.

Exercicios práticos

Para os membros inferiores

Não se contemplam exercícios para as pernas do RI, exceto se introduzimos um segundo cão manta que contenta e estimule as pernas.

Para a estimulação cognitiva ou sensorial

ESCOVAR OS DENTES

Convidaremos o RI a untar o seu dedo com pasta dentífrica para cães.

Este jogo será realizado progressivamente, tendo em conta os vários elementos novos para o RI: a pasta dentífrica, os lábios, os dentes e a língua do cão.

Também poderá ser útil para trabalhar a escovagem dos dentes do RI, antes ou depois da atividade, perante o olhar atento do cão.

Para os membros superiores

AS PERSONAGENS DA HISTÓRIA

Depois de ler uma história com o RI relaxado e cómodo em cima do cão, o PI fará com que as personagens da história apareçam no lado oposto da sua cabeça e na direção da boca do cão, para que o RI estenda a sua mão livre e os vá salvando antes que o cão os apanhe com a boca.

Cabeça e tronco

CREME NOS LÁBIOS

Uma massagem suave com creme ou pó talco deixará o cão limpo, suave e relaxado depois de uma sessão de trabalho. É por este motivo que o RI, mantendo-se na sua posição, estenderá as mãos para obter um creme que aplicará no cão – na nuca, no pescoço e nos lábios.

PCC. 46
CM paralelo ao RI e em tombado dorsal

Descrição da PCC

O RI, apoiado paralelamente ao cão manta, vai abraçá-lo estabelecendo contato com ele ao longo do dorso.

Objetivo da PCC

Relaxar o RI e, ao mesmo tempo, trabalhar e manter a posição anatómica do RI sem realizar uma aproximação demasiado invasiva por parte do cão de terapia.

Neste caso, o RI estabelecerá a interação com o cão manta em função do grau de confiança que tenha relativamente à proximidade do cão.

Tal como ver o focinho do cão com a boca fechada ou aberta, mostrando os dentes, não provoca a mesma reação emocional no RI, também não será o mesmo estar frente a frente com a cara do cão e observá-la a uma certa distância, por trás.

É por isto que outro dos objetivos desta PCC é que o RI ganhe confiança em si mesmo relativamente ao cão manta.

Posicionamento e funções da equipa

Posição e função do cão

O cão manta deverá deitar-se de lado na colchonete e esperar que o RI apoie o seu braço, perna ou outra parte do corpo em cima dele.

Enquanto o RI o faz, o TIA estará alerta para que este movimento não sobressalte o cão, apanhando-o de surpresa. Devemos destacar que é pouco comum que isto aconteça, visto que o PI supervisiona o RI e o TIA supervisiona o bem-estar do cão; mas, se por acaso acontece, temos que ter bem claro que um cão manta bem treinado não se deveria sobressaltar e se deveria recuperar de forma imediata através do contacto com o TIA.

Normalmente os imprevistos acontecem por imprudência ou porque o excesso de confiança faz com que nos relaxemos. Por esta razão aconselhamos que durante uma sessão de IAA sejamos prudentes e tenhamos todos os sentidos bem alerta.

Permitam-me que vos conte uma situação que me aconteceu com a minha cadela Cuca. As sessões de IAA normalmente passam-se em sítios mais ou menos estranhos para o cão e para o RI, pois acontecem entre pessoas e animais que apenas se conhecem. Por este motivo, a responsabilidade de que esta interação humano-animal se estabeleça com êxito recai no profissionalismo do TIA. Este deve velar sempre e continuamente pelo bem-estar físico e psicológico do animal de terapia, já que do bem-estar do RI se ocupará o PI.

Estávamos numa sessão de TAA na qual a Cuca, deitada de lado em cima de uma colchonete, interatuava com uma criança com TEA. O objetivo era que, através do contacto com o cão, a criança se relaxasse.

O RI mostrava uma atitude tranquila, atenta e em conexão com a situação, enquanto o PI o motivava e eu, como TIA, mantinha-me ajoelhada no chão ao lado do cão e com as mãos em cima dele por precaução e comunicação.

A sessão estava a ser um êxito gratamente surpreendente. Todos estávamos contentes e nos fomos relaxando. De repente, o RI levantou-se e sentou-se numa cadeira perto do cão, observando-o, enquanto o PI e eu comentávamos o que tinha acontecido. Por sorte, não abandonei o meu cão em nenhum momento, mantive-me de cócoras ao seu lado, pois o PI não tinha dado a sessão como finalizada e, o mais importante, mantive as mãos em cima do cão, oferecendo-lhe suporte e contenção.

De repente, de forma inesperada, o RI atirou-se ao chão de joelhos e precipitou-se com as mãos e o corpo sobre a cavidade torácica do cão.

Imaginem, por um momento, o sobressalto que tivemos todos, exceto a Cuca, que levantou suavemente a sua cabeça, olhou para mim e, vendo que estava tudo segundo o previsto, encostou a cabeça outra vez na colchonete.

Doeu-me o facto de não me ter antecipado ao que aconteceu, evitando tal sobressalto à Cuca. Por sorte, a minha presença ao lado do cão, o contacto através das mãos e a grande qualidade da Cuca enquanto cão manta foram suficientes para que pudesse continuar a trabalhar em perfeitas condições físicas e psicológicas e para acabar a sessão com o RI deitado em cima dela, abraçando-a.

Nunca baixem a guarda numa sessão de IAA e mesmo que algum dia, de certeza, cometamos algum erro com o nosso companheiro canino, vamos tentar que seja o mais insignificante possível.

Posição e função do TIA

Depois do que contei anteriormente fica claro que o TIA deve estar sempre perto do cão. Nesta PCC, deverá colocar-se de cócoras no lado oposto ao RI; isto é, na cavidade ventral do cão, apoiando as mãos na sua cintura escapular e pélvica.

O TIA guiará o RI pelas zonas que se podem acariciar e porá nome às várias sensações que o RI ou o cão possam sentir: "Sente como a barriga está quente: toca-a com cuidado, que é muito delicada", "Como gosta das festinhas que lhe estás a dar!". O TIA pode mostrar como e onde é que o cão gosta de ser acariciado.

À partida, o TIA não deve manipular a mão do RI nem tirá-la de cima do cão, visto que isto é responsabilidade do PI. No entanto, se o RI, nalgum momento, toca ou acaricia o cão de uma forma que o possa incomodar ou magoar, o TIA colocará rapidamente a sua mão por baixo da mão do RI para evitar que mantenha este contacto, ou limitará o seu movimento até que o PI intervenha.

Posição e função do PI

Atrás do RI, guiará o motivará os movimentos e a interação com o cão, com a finalidade de trabalhar os objetivos inicialmente propostos para a sessão.

Posição e função do RI

O RI estará apoiado em cima da colchonete, paralelo ao cão manta, de tal forma que possa apoiar os membros superiores no corpo do cão como se lhe estivesse a dar um abraço, com ou sem ajuda.

Também pode acariciar e descobrir as várias partes do peito, da barriga ou da cabeça do cão: as orelhas, o stop, o focinho. O facto de não ter a cara do cão de frente para ele ajudará o RI a sentir-se menos intimidado e mais tranquilo, para se relaxar ao lado do cão.

Exercicios práticos

Para os membros inferiores

CHUTAR A BOLA

Quando o RI e o cão manta estiverem nesta PCC, poremos uma bola de praia grande, pouco pesada e de cores vivas à frente da cavidade ventral do cão e motivaremos o RI a colocar a perna que tenha ficado na posição superior por cima da cintura pélvica do cão para poder chutar a bola. Esta sairá disparada, com a ajuda dissimulada do TIA, perante o olhar atento do RI.

Para a estimulação cognitiva ou sensorial

DESCOBRIR E TOCAR NAS PARTES DO CORPO DO CÃO

Cada vez que o RI mexa o braço e toque nalguma parte do corpo do cão o TIA deverá descrever essa parte e pôr-lhe um nome: o nariz, a axila, a barriga, as orelhas, etc.

Depois poderíamos jogar ao contrário. O PI diz uma parte do corpo do cão e o RI tem tocar nela antes que o TIA o faça.

BRINCANDO COM AS TEXTURAS

O TIA mostrará várias texturas que o cão tem no seu corpo ao RI: suaves, ásperas, húmidas, moles, duras,... Depois o PI poderá perguntar ao RI: "Explica-me, que parte do cão é que está húmida?"

Para os membros superiores

PULSEIRAS PARA O CÃO

O RI deverá colocar pulseiras rígidas e coloridas na pata do cão. Para facilitar ou dificultar a ação, o TIA manipulará a pata do cão através do cotovelo, levantando-a a uma maior ou menor altura.

Cabeça e tronco

BARRINHAS DE COMIDA PARA O CÃO

.

O nosso objetivo é que o RI se levante ligeiramente para agarrar umas barrinhas de comida para cães, que colocaremos em cima do corpo do cão, cada vez mais distantes do RI: em cima do lombo ou das patas, na cavidade abdominal e, por fim, no chão. Quando as consiga agarrar poderá oferecê-las ao cão.

A forma alongada das barrinhas fará com que sejam fáceis de agarrar. No entanto, existem duas formas de facilitar a tarefa ao RI:

- O TIA pode fazer uma alavanca exercendo pressão numa extremidade, para que a outra ponta se levante em direção aos dedos do RI.

- Colocar a barrinha perpendicularmente numa mola da roupa, para que a superfície horizontal que o RI deva agarrar se converta num eixo amplo e vertical.

PCC. 47
CM paralelo ao RI e em tombado ventral

Descrição da PCC

Os dois elementos da PCC estarão frente a frente e deitados de lado. O RI segurará e abraçará o cão com o seu corpo.

Objetivo da PCC

Facilitar que o RI adote e mantenha a posição utilizando os membros do cão como cunha.

A principal diferença entre esta PCC e a PCC do exercício 42 encontra-se principalmente no que queremos enfatizar: que o cão contenha o RI; ou que favoreça determinada posição do RI – mesmo que o RI se relaxe num espaço de segurança emocional imediata em ambos os casos.

Posicionamento e funções da equipa

Posição e função do cão

Nesta PCC o cão vai-se deitar e relaxar em cima da colchonete antes que o RI se deite nela. Desta forma, o PI poderá colocá-lo sobre o cão enquanto o TIA o supervisiona e manipula os seus membros para os entrelaçar com os do RI.

O cão deverá manter uma atitude relaxada e tranquila enquanto a posição se constrói.

A pata posterior do cão que se encontra na posição superior pode ser colocada entre as coxas do RI; nunca entre os joelhos, pois isto poderia causar dor ao cão. A pata posterior na posição inferior deverá estar encolhida no buraco existente entre ambos os intervenientes, seguindo o contorno da perna do RI.

A pata anterior posicionada superiormente na postura deverá colocar-se por baixo do braço do RI, à altura do espaço axilar, apoiando o seu braço para que o possa abraçar de forma autónoma. A pata anterior na posição inferior poderá estar em extensão debaixo do pescoço do RI como se fosse uma almofada cervical ou encolhida em contacto com a bochecha do RI.

Para desfazer a PCC, o PI manipulará o RI ao mesmo tempo que o TIA manipula o cão. Por fim, o TIA imprimirá uma rotação de 180 graus longitudinalmente no corpo do cão para que os membros não estejam em frente ao RI e, assim, se evitem possíveis acidentes quando os dois se levantem.

Posição e função do TIA

Depois da apresentação, o TIA – lentamente e perante o olhar o RI – ordenará ao cão que se sente, se deite e se tombe. Depois, vai colocar-se de cócoras atrás do lombo dele enquanto lhe diz, suavemente ao seu ouvido, que vem aí o seu amigo para lhe dar um grande abraço.

Todo este teatro é importante para criar um ambiente atrativo e real. Poderíamos pensar que, pelo simples facto de atuar como cunha, o cão manta concede assim todos os benefícios que derivam desta PCC, mas obviamente estaríamos enganados. Mesmo que execute as suas funções como cunha animada, a sua grande virtude é despertar interesse como ser vivo que é e converter-se num centro motivador para o RI. E é isto que faz com que a PCC tenha êxito.

Para que este centro de interesse se mantenha durante um grande período de tempo é necessária a figura de um interlocutor – neste caso, o TIA – que traduza e expresse as perceções, sentimentos e necessidades do cão ao RI para que este entenda o que é que se está a passar, o que é que sente, pensa e quer o seu companheiro canino. Assim, vai sentir-se implicado emocionalmente nesta relação enquanto ser competente, responsável e capaz, aumentando a sua autoestima.

É este o êxito das PCC: enquanto o RI realiza os exercícios terapêuticos pré-estabelecidos com a finalidade de alcançar determinados objetivos também disfruta de uma relação de cumplicidade que repercute positivamente no seu estado anímico e na sua autoestima.

As PCC na TAA permitem realizar as manobras e os procedimentos terapêuticos ou educativos num ambiente emocionalmente acolhedor, num entorno rico e estruturalmente seguro que relaxa e motiva o RI para, através de uma interação lúdica, alcançar os objetivos terapêuticos inicialmente propostos.

Posição e função do PI

O PI explicará ao RI como se posiciona o cão na colchonete e comentará todas as suas ações: "Olha como se senta...pum! Já sentou o traseiro no chão, vai-se deitar e...já está deitado no chão, à tua espera!" Depois, deverá depositar o RI suavemente em decúbito lateral perto do cão manta e, com a ajuda do TIA, entrelaçarão os dois corpos.

No momento em que o PI deposita o RI na colchonete, o cão, com a ajuda do TIA, deverá mover-se na direção do RI, caso se devam aproximar mais. O PI guiará ou facilitará a interação do RI durante a atividade.

Posição e função do RI

O RI, em decúbito lateral, poderá ter as pernas, os braços e a cabeça em cima do corpo do cão, dando-lhe segurança e um papel ativo na PCC. Supostamente, será ele a pessoa responsável de que o cão se mantenha na posição deitado lateral, pois deverá agarrá-lo com força, acariciá-lo suavemente ou olhar para ele e falar-lhe para que se sinta feliz e não queira sair do seu lado.

Exercicios práticos

Para os membros inferiores

QUERO COÇAR A PATINHA

Se o TIA diz que o cão quer tirar a sua pata de entre as coxas do RI porque tem comichão o PI poderá motivar o RI a elevar ligeiramente a perna para que o cão a possa coçar.

Se, por outro lado, nos interessa que o RI exerça pressão com as coxas, diremos que deve evitar que o cão se escape de entre as suas pernas fazendo força uma contra a outra.

Para a estimulação cognitiva ou sensorial

UMA MASSAGEM COM ESPUMA

Aplicaremos espuma de limpeza em seco no lombo do cão (ou na zona do corpo que o PI considere oportuna).

Será um estímulo visual (ver como uma substância espumosa branca cresce), auditivo (o barulho da espuma que sai sob pressão), olfativo (o perfume da espuma seca) e táctil que favorecerá o trabalho do RI. Por exemplo, mobilizando o braço para limpar o cão ao mesmo tempo que disfruta desta experiência sensorial que é dar-lhe banho.

Para os membros superiores

ESCOVAR O CÃO

Adaptaremos uma escova à mão do RI para que ele possa escovar o cão autonomamente, sem ter que se preocupar com o seu braço que desliza para baixo dado que a pata do cão o impedirá. Por sua vez, o TIA poderá mexer a pata do cão para manipular o braço do RI, sem que ele perceba.

Cabeça e tronco

SEGUIR O CÃO COM O OLHAR

O RI deverá observar o cão atentamente para que este possa comer o prémio que o TIA lhe está a mostrar. O cão seguirá o prémio com a cabeça, levantando e escondendo o focinho, para que o RI imite este movimento.

BEIJOS E MAIS BEIJOS

Tendo como objetivo que o RI levante um pouco a cabeça de forma voluntária, vamos motivá-lo a dar um "beijinho" no pescoço, no peito ou na pata do cão como agradecimento ao seu grande amigo.

Capítulo 12

Posições Caninas Plurais Ctac

Depois de ver, ler ou aplicar as PCC anteriores dar-nos-emos conta de que cada uma destas interações com o cão manta:

- Oferecem estímulos sensoriais, propriocetivos ou vestibulares ao RI.

- Facilitam o trabalho ao PI em prol de determinados objetivos e a possibilidade de realizar vários jogos e atividades.

- Acompanham e estimulam a manutenção de uma determinada posição por parte do RI.

- Criam um espaço de cumplicidade entre o RI e o cão manta, que o relaxa e o motiva.

- E muitos outros benefícios que o PI, o TIA e o RI descobrirão em cada PCC.

Podemo-nos questionar sobre o que aconteceria se incorporássemos mais do que um cão numa sessão.

A resposta seria que se o fazemos com profissionalismo e criatividade poderíamos enriquecer as sessões utilizando as PCC Plurais.

Nas PCC plurais, cada cão da sessão tem uma função diferente, simultânea e complementária. Por exemplo:

- Enquanto um faz de cunha o outro atua como uma distração ou motivação.

- Enquanto um contém o RI o outro estimula uma parte do corpo do RI a nível sensorial.

Este segundo cão que participa na sessão de cães manta pode ser outro cão manta de grande porte que ajuda o cão principal a complementar a PCC.

Neste caso a função do segundo cão manta que participa na sessão seria apoiar ou colocar o RI em determinada posição e que o RI, desta forma, estabeleça um contacto íntimo com ambos os cães.

O segundo cão também poderia ser um cão de terapia, de pequeno porte e ágil, com várias habilidades que utilizaríamos como elemento de distração e motivação para o RI.

A equipa de PCC Plurais

A equipa de cães que participa nas PCC depende sempre da estrutura da PCC e do grau de confiança e controlo que o TIA tenha sobre eles.

A nossa experiencia, fruto da prática diária neste campo, diz-nos que a equipa ideal para um TIA especializado em cães manta são dois cães manta nos quais deposite toda a sua confiança, com os quais exista um vínculo íntimo, que estejam perfeitamente adestrados e que os possa colocar e supervisionar ao mesmo tempo que garante o seu bem-estar.

Um deles deve ser um cão manta corpulento e com uma pelagem generosa (CMA), e o segundo um cão de pequeno porte, que possa trabalhar tanto como cão manta, preenchendo pequenos espaços e situando-se em cima do RI, como desempenhando um papel de cão ativo durante a sessão de PCC, que motive o RI (CMB).

CTAC recomenda um CM por TIA. Ainda assim, um TIA poderia trabalhar com dois cães numa sessão de PCC, em função das capacidades da UI. Se existem, pontualmente, mais de dois cães na execução de uma PCC, cada um deles deverá estar a cargo de outro TIA.

Exemplos de PCC com dois cães manta

CASO 1:

RI de 21 anos com rigidez e espasticidade muscular significantes.

O objetivo estabelecido é que o RI, em decúbito lateral, possa acariciar um cão com facilidade enquanto relaxa a sua musculatura dorsal.

Para isso, colocaremos um primeiro cão manta CMA em tombado dorsal na cavidade ventral do RI (PCC.46) e ao segundo CMB tombado e alinhado com as costas do RI.

O TIA, situado na cavidade ventral do CMB, vai contê-lo e apoiá-lo com as duas mãos para que este mantenha um contacto constante com as costas do RI. A partir desta posição, também pode supervisionar o segundo cão manta, situado em frente ao RI. O PI coloca-se em frente ao CMA e facilita a interação do RI com o cão que tem à sua frente.

Desta forma, o RI beneficia com o aumento da temperatura na musculatura dorsal que o CMB lhe proporciona e, ao mesmo tempo, acaricia o CMA.

CASO 2:

Muitas vezes centramo-nos nos membros superiores do RI, no contacto visual, na musculatura cervical e deixamos os membros inferiores em segundo plano.

Neste caso, enquanto o RI está deitado na cavidade ventral do CMA (PCC30) e interatua com as patas dele, situaremos um segundo cão manta (CMB) à altura dos seus pés (PCC32) que lhe proporcionará estimulação sensorial e propriocetiva.

O TIA situar-se-á atrás do CMA e o PI num dos lados do RI, entre os dois cães. Neste caso, devido à distância entre os cães é necessária uma terceira pessoa que garanta que o CMB não se mexa e que as plantas dos pés do RI repousam no lombo do cão.

CASO 3

Visualizando esta ilustração podemos imaginar a sensação de prazer e de companheirismo que se sente ao estar apoiado num CMA (PCC 30) e com o CMB ao nosso lado (PCC 28), deitado de barriga para cima.

Poderíamos terminar uma sessão com esta PCC plural, colocando este segudo cão com o RI para que ambos se relaxem e, ao mesmo tempo, para melhorar a autoestima e o esquema corporal do RI.

CASO 4

RI: que se inicia na transferência entre sentado de lado à postura de joelhos

O objetivo que se estabelece é trabalhar a manutenção da posição de joelhos da criança, que normalmente nestes casos é alvo de muitas queixas.

Utilizamos o vínculo afetivo da criança com o CMA para que, ajudada pelo PI que está atrás da criança, passe desde a posição de sentada de lado à posição de joelhos.

Colocaremos o CMA na PCC 21 e o CMB em posição bípede a uma certa distância do RI.

O PI facilita o movimento da criança para que esta apoie as suas mãos no corpo do cão enquanto brinca procurando a bola que o animal tem escondida debaixo das patas, faça uma rotação do tronco e acabe apoiando a parte anterior das coxas sobre o lombo do CMA. Isto é, que adote a posição de joelhos, com os glúteos levantados e as costas retas, olhando em frente.

Quando a criança tenha adotado esta posição, o CMA ficará longe das suas mãos e do seu campo visual. Por este motivo, temos que encontrar uma forma para a continuar a motivá-la a manter esta posição durante o tempo requerido pelo seu PI, sem que se sinta incomodada.

O TIA, situado em frente ao PI, ao RI e à cavidade ventral do CMA, manipula um segundo cão, colocando-o em posição bípede com a finalidade de que a linha visual do RI coincida com a cabeça do cão e lhe possa entregar prémios ou acariciar-lhe as patas.

CASO 5

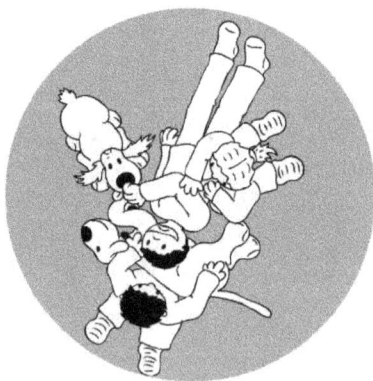

Colocaremos o CMA na PCC 31 e o CMB perto do RI, sentado.

O RI, apoiado na cavidade torácica do CMA, entregará prémios ao CMB, que se mantém sentado e quieto ao seu lado.

O TIA estará situado atrás do CMA. O PI, sentado ao lado do RI, deverá guiá-lo na entrega dos prémios ao cão.

Desta forma, o RI é estimulado a nível sensorial pelo CMA e, ao mesmo tempo, realiza um trabalho ativo com o CMB.

CASO 6

RI: com 6 anos e um padrão de movimento distónico, ao qual as TAA oferecem a possibilidade de normalizar o tónus muscular e mover-se de uma forma mais controlada

O objetivo é que siga um objeto em movimento com a cabeça e que disfrute da atividade.

A criança vai sentar-se no chão à frente do PI, paralelamente às costas do CMA (PCC 21). Desta forma a sedestação da criança é facilitada e o contacto direto entre os dois é favorecido.

O TIA estará em frente a ela e ao PI com um segundo cão, de pequeno porte, que se deslocará com velocidades diferentes dentro do campo visual do RI e realizará uma habilidade cada vez que chegue a um dos extremos do percurso como prémio pelo esforço realizado pela criança ao seguir o seu deslocamento.

Assim...

O grau de estimulação que o RI recebe ao realizar uma sessão de PCC plural será maior, o que não quer dizer que seja mais benéfico realizar a sessão com dois cães manta do que com um.

Em ambos os casos, a sessão será benéfica sempre e quando se tenham os seguintes itens em conta:

- A seleção dos cães e as suas capacidades.

- O profissionalismo do TIA.

- A experiencia do PI nas PCC.

- O planeamento prévio da PCC em função dos objetivos estipulados.

- O aproveitamento das possibilidades de cada PCC ao máximo.

- Que cada PCC tenha um sentido e um significado para o RI.

O importante não é se trabalhamos com um ou mais cães manta, mas que o façamos com rigor, profissionalismo, respeito e procurando a máxima garantia de segurança e bem-estar para todos os elementos da equipa.

O importante é que as Intervenções Assistidas com Animais nos possam ajudar a melhorar a qualidade de vida das pessoas.

Desejamos que as quarenta e sete PCC, aplicadas com profissionalismo e imaginação, vos ajudem a continuar a trabalhar em prol dos objetivos planeados para cada um dos vossos RI.

Agradecimentos

Queremos agradecer a todos os amigos que fizeram este livro possível:

À Lucía, por nos mostrar um caminho incrível e apaixonante.

Ao Albert, por ilustrar os benefícios das PCC com o seu sorriso.

À Mercedes, por tornar evidente que as PCC são boas em qualquer momento.

À Teresa, por contribuir com os seus conhecimentos em fisioterapia e por se comprometer com as IAA.

À Cecilia, pelas suas revisões e comentários que me fizeram rir tanto. À Marta, pela sua arte em interpretar e desenhar.

À Isabo, Laika, Xiula, Pelut, Cuca, Chiqui, Dia, Bamba, Blasa, Rita e Taca, que nos ofereceram o seu amor, confiança e profissionalismo para tornar únicos infinitos instantes.

A todos os centros e profissionais que confiaram no CTAC e apostaram nas IAA para melhorar a qualidade de vida das pessoas.

A toda a equipa do CTAC, pelo seu espirito positivo, criativo e profissional.

E a cada uma das pessoas que, através do seu trabalho, das suas vitórias e dos seus sorrisos, nos inspiraram nas diferentes PCC.

Grupo CTAC

www.ingramcontent.com/pod-product-compliance
Lightning Source LLC
Chambersburg PA
CBHW060256100426
42742CB00011B/1772